京津冀
协同发展机制设计

齐子翔 著

THE DESIGN OF SYNERGIC DEVELOPMENT MECHANISM
FOR BEIJING TIANJIN AND HEBEI

社会科学文献出版社
SOCIAL SCIENCES ACADEMIC PRESS (CHINA)

作者简介

齐子翔，男，北京人，首都经济贸易大学区域经济学专业毕业，经济学博士，北京大学政府管理学院博士后，研究方向：京津冀协同发展、机制设计、市场设计。在《改革》《经济体制改革》等核心期刊发表学术论文十余篇，主持国家社科基金青年项目"京津冀产业区际转移与疏解非首都功能路径研究"，参与国家自然科学基金项目"基于双边匹配理论的企业区位配置模型与区位市场设计"、北京市自然科学基金项目"北京依托京津冀建设世界城市的路径研究"、北京市社科基金重点项目"首都经济圈的目标定位及战略重点研究"、北京市社科基金重大项目"京津冀区域协同发展研究"、北京市科学技术委员会软课题"推动首都经济加快融入世界产业新格局研究"、"深化战略性新兴产业金融激励政策的国际借鉴与对策建议"、天津市滨海新区发改委委托课题"提升滨海新区国际化水平研究"的研究及2013年、2014年《京津冀发展报告》的撰写工作。

摘　要

　　就区域经济而言，一切长期、客观、普遍存在的问题均是体制、机制引起的。新制度经济学告诉我们，制度变迁是经济发展和社会进步的根本原因。十八届三中全会明确提出建立和完善跨区域城市发展协调机制。国家主席习近平"2·26"讲话强调加快建立能够促进京津冀协同发展的长效机制。建立京津冀协同发展机制的关键是协调三地之间的经济利益。本书站在政府的层面，仅研究三地之间的经济利益协调。如无特殊说明，本书所涉及的区际利益均指区际经济利益。换言之，京津冀协同发展机制就是三地经济利益的协调机制。

　　区际经济利益非均衡是掣肘京津冀区域协同发展的核心矛盾，具体表现为：产业同构与恶性竞争、区域市场分割与地方保护、区际公共物品供给不足、贫富分化与生态恶化、政绩竞争与重复建设等。造成京津冀区际经济利益非均衡的直接原因是区域经济一体化的客观要求同行政边界刚性约束的矛盾，根本原因是地方政府的有限理性和市场的不完全性。基于上述原因，京津冀协同发展机制的建立显得尤为重要。京津冀协同发展机制是一种区际利益再分配机制。这种机制不仅对缩小区际差距十分重要，还是化解区际经济利益矛盾，推进区域经济一体化必不可少的工具。本书的理论意义旨在突破行政边界刚性约束的羁绊，冲破地方政府利益固化的藩篱，破除制约京津冀区域协同发展的机制障碍，以经济的内在联系为基石，进行区际经济利益协调。

　　要想破除制约京津冀区域协同发展的机制障碍，必须进行制度创新，即对京津冀协调机制进行创新。熊彼特告诉我们，创新是生产要素的重新组合；所以京津冀协调机制必须打破既得利益格局，对京津冀区际利益再分配。本书证明了京津冀区际利益再分配的帕累托最优条件是区域考核指标一体化。

区际经济利益强调区际关系，它侧重于经济利益的再分配。区际经济利益是指特定的区域从其他区域或国家获得的排他性收益，属于社会福利再分配范畴；是生产要素不完全流动性、市场不完全竞争性、地方政府不完全理性所表现出的空间优势。区际经济利益具体表现为产业区际转移税收分享、区际基础设施共建成本分摊、区际生态补偿等。

京津冀协同发展机制是以专门联合委员会制度为协调形式的一种区际经济利益让渡与分配的长效机制，是解决区际经济利益冲突的规则，是地方政府间的合同，是一类利益分配函数，是一个区际经济利益再分配的过程；在此过程中，区域经济协调权威机构被国家授权对各区际利益主体的立场加以评定，并作出对各方在执行过程中具有法律约束力的量化仲裁决定。

本书将京津冀协同发展机制分为五个分机制，分别是：协商机制、仲裁机制、分享机制、分摊机制和补偿机制。协商机制基于横向视角；仲裁机制基于纵向视角；分享机制基于财税体制改革的视角，对应横向分税制，针对竞争性领域；分摊机制基于投融资机制改革的视角，对应横向成本分摊制，针对半竞争半公共产品；补偿机制基于自然资源资产产权制度改革的视角，对应横向财政转移支付制，针对公共产品。京津冀协同发展机制的实现路径是纵横结合。

由于笔者水平有限，本书不当之处在所难免，读者在阅读过程中发现本书存在任何问题，欢迎以邮件方式与笔者沟通。笔者联系方式：13671150112，qzxok@vip.163.com。本书是国家社科基金青年项目"京津冀产业区际转移与疏解非首都功能路径研究"（项目批准号：15CJL061）的阶段性研究成果。

Abstract

As far as regional economy is concerned, all of long-term and universal problem result form mechanism. The new institutional economics reveals that institutional change is the essential reason for social progress. Third Plenary Session of the 18th CPC Central Committee claimed inter-regional coordination mechanism. Chinese President Xi Jinping required to set up the synergic development mechanism for Beijing Tianjin and Hebei as soon as possible On February 26, 2014. The key of synergic development mechanism for Beijing Tianjin and Hebei is coordination of economic interest. This book will only analyze the coordination of economic interest for Beijing Tianjin and Hebei in the provincial (or municipal) governmental level. Without special mention, the inter-regional interest in this book refers to the inter-regional economic interest. In other words, synergic development mechanism for Beijing Tianjin and Hebei is just the coordination mechanism of economic interest for Beijing Tianjin and Hebei.

The key conflict of the Beijng Tianjin and Hebei is the imbalance of inter-provincial economic interest, which is demonstrated in the following: similar industries and vicious competition, regional market segmentation and local protection, insufficient supply of inter-provincial public goods, polarization between the rich and the poor, ecological deterioration, political performance competition and repeated construction, etc. The direct reason for the imbalance of inter-provincial economic interest is the conflict between the objective needs of regional economic integration and the administrative boundary segmentation, and the basic reason is the bounded rationality of local governments and the imperfections of market. Based on what's mentioned above, it's obviously important to set up the coordination mechanism for inter-provincial economic interest among the Beijng Tianjin and Hebei. The theoretical significance of this book is to break the regional administrative boundary segmentation and the interest curing of local governments, and design the coordination mechanism for inter-provincial economic interest by the intrinsic link of economy to balance the inter-provincial economic interest.

To break the regional administrative boundary segmentation and the interest curing of local governments, this book innovates the synergic development mechanism for Beijing Tianjin and Hebei. Joseph Alois Schumpeter told us that innovation is recombination of factors, therefore, the synergic development mechanism for Beijing Tianjin and Hebei has to break the pattern of vested interests. This book testifies that the integration of regional evaluation indicators is the Pareto optimality condition for the redistribution of inter-regional economic interest for Beijing Tianjin and Hebei.

Inter-regional economic interest stresses the inter-regional relationship, focusing on the redistribution of economic interest. It means the exclusive benefits that a specific province (or municipality) gets from other provinces (or municipalities), and falls on the category of the redistribution of social benefits. It is the spatial advantage demonstrated by the incomplete liquidity of productive factors, incomplete competition of the market and the incomplete rationality of local governments, and it takes the form of tax sharing for inter-provincial industry transfer, cost amortization of inter-provincial infrastructure co-building, inter-provincial ecological compensation, etc.

Synergic development mechanism for Beijing Tianjin and Hebei is a long-term mechanism for the transfer and distribution of inter-provincial economic interest, which takes the form of specific joint committee system. It is the rule to solve the dispute of inter-provincial economic interest, the contract among local governments and a function for interest distribution. It is also a process for the redistribution of inter-provincial economic interest where the reputed agency for regional economic coordination is authorized by the country to evaluate the position of region and make quantitative legally decisions. Coordination for inter-provincial economic interest is the redistribution of inter-provincial economic interest, so the equilibrium of this coordination is the equilibrium of this redistribution. The integration of local governmental evaluation indicators is the precondition of the coordination mechanism for inter-provincial economic interest to break the barriers of administrative boundaries.

The top-level design of the synergic development mechanism for Beijing Tianjin and Hebei includes five sub-mechanisms, namely arbitrage mechanism, negotiation mechanism, sharing mechanism, amortization mechanism and compensation mechanism. From the perspective of spatial spillover of regional economies, local governments need to make cross-border and horizontal negotiation through joint meeting of mayors, which is negotiation mechanism; based on incomplete rationality of local governments and the incompleteness of market, the central government needs to set up an authoritative arbitrage authority above local administrative boundaries to make vertical coordination when self-motivated negotiation of local governments cannot reach consensus on some cross-border cooperation and key projects, which is arbitrage mechanism; from the perspective of fiscal and taxation system reform, the horizontal tax sharing mechanism should be set up for cooperation on profitable products, like inter-provincial transfer of industries, which is sharing mechanism; from the perspective of investment and financing mechanism reform, cost amortization mechanism should be established for cooperation on quasi-public goods, like co-building of cross-border infrastructure, which is amortization mechanism; from the perspective of reform on property right system of natural resources, ecological compensation mechanism should be set up through horizontal financial transfer payment for pure public goods, like water, ecological environment, etc. , which is compensation mechanism. Among the five sub-mechanisms, arbitrage mechanism and negotiation mechanism demonstrate the form and procedure of coordination while sharing mechanism, amortization mechanism and compensation mechanism show the contents of coordination. Arbitrage mechanism belongs to vertical coordination, ensuring its fairness; negotiation mechanism belongs to horizontal coordination, ensuring its efficiency. Coordination for inter-regional economic interest should be both vertical and horizontal. The path choice of the synergic development mechanism for Beijing Tianjin and Hebei is vertical and horizontal integration. Only when the five sub-mechanisms work together can they break the barriers of administrative boundaries and make inter-regional synergic development. To ensure its effectiveness, the synergic development mechanism for Beijing Tianjin and Hebei should be designed in the form of contracts, which endows legal effect on it and ensures its enforceability and rigid binding force.

序

推动京津冀协同发展,是党中央、国务院在新的历史条件下做出的重大决策部署,是一个重大国家战略。2014年2月26日习近平总书记在北京主持召开座谈会并发表重要讲话,全面深刻阐述了京津冀协同发展的重大意义、推进思路和重点任务。2014年12月召开的中央经济工作会议将京津冀协同发展与"一带一路"、长江经济带并列为2015年国家重点实施的三大战略,强调要通过改革创新打破地区封锁和利益藩篱,全面提高资源配置效率。2015年4月30日,中央政治局审议通过了作为指导京津冀协同发展的纲领性文件《京津冀协同发展规划纲要》,这意味着京津冀协同发展的顶层设计已经完成,一系列行动方案和重大工程即将实施,京津冀协同发展已进入全面推进、重点突破的实质性操作阶段。主动对接和全面落实这一规划,将成为京津冀三地经济社会发展的头等大事和重点任务。

近些年,京津冀区域的经济空间溢出效应已经明显突破了行政边界,如果再基于行政边界研究区际利益协调,已不合时宜。本书的价值在于试图突破行政边界刚性约束的羁绊,冲破地方政府利益固化的藩篱,破除制约京津冀协同发展的机制障碍,以经济的内在联系为基石,进行协同发展机制设计。

本书的一些机制设计较有新意,契合京津冀的发展现状与趋势要求,具备一定的可操作性。例如,横向分税制的建立能够有效助力京津冀产业区际有序梯度转移;在西方主要发达经济体中,只有德国各州之间存在"兄弟般"的横向分税制,而我国尚未建立完善明确的横向分税体系,需要我们学习与借鉴;北京转出企业与津冀承接平台双边匹配机制也是一个优化资源配置、助力非首都功能疏解、避免津冀各级地方政府因争夺北京转出产业及功能而产生区际矛盾的新思路；横向协商与纵向仲裁相结合的协调机制也是京津冀协同发展可供选择的新路径之一。今年4月份，京津冀三省市政府及代表中国铁路总公司的北京铁路局按照3∶3∶3∶1的比例共同出资成立的京津冀城际铁路公司，也是区际基础设施共建成本分摊制的一个很好体现；而北京与张家口针对环境保护联防联控的生态补偿机制早在北京奥运会前就有尝试。本书通过"委托－代理"合同设计财政横向转移支付制度，对于之前已有的京冀生态补偿机制是一个大胆的尝试和补充。

我认为本书最大的亮点在于京津冀三地政府区域考核指标一体化的设想，这有利于真正做到打破"一亩三分地"的思想桎梏。

我作为齐子翔的博士生导师，见证了齐子翔三年博士生学习生涯的历练和成长。齐子翔刻苦好学、勤于思考，对区域经济学始终抱有浓厚的兴趣和强烈的学术热忱；作为一个土生土长的北京孩子，对于家乡的发展更是拥有强烈的责任感和满腔热情。更令我欣慰的是，齐子翔积极参与我主持的一系列科研项目的研究，在每一次实战锻炼中均有出色的表现，得到不同程度的收获和能力提高。这一点从他论文发表的数量和质量上得到了充分体现。本书是齐子翔人生中第一本学术专著，对于他来讲具有里程碑式的意义。我希望齐子翔博士能够以此为起点，在京津冀协同发展机制的研究中再接再厉、久久为功，在区域经济学的学术道路上勇敢前行！

祝尔娟

2015年6月21日

目　录

第一章　绪论 001
　一　研究背景和意义 001
　二　理论综述与文献梳理 009
　三　本书结构安排、研究方法及创新点 024

第二章　区际协调的国内外经验借鉴 027
　一　国内经验 027
　二　国际经验 030
　三　国内外经验借鉴与比较 034

第三章　京津冀协同发展机制的理论基础与顶层设计 036
　一　引致区际经济利益非均衡的直接原因与根本原因 036
　二　协调机制的理论基础——区际纳什均衡 039
　三　京津冀协同发展机制的顶层设计及五类分机制 043
　四　京津冀区际经济利益协调历史沿革与现状 046
　五　京津冀协同发展机制评价 051

第四章　基于纵横结合的协商机制与仲裁机制 ······ 064
一　经济空间溢出、行政边界刚性约束与协商机制 ······ 064
二　地方政府有限理性、市场的不完全性与仲裁机制 ······ 071

第五章　基于财税机制改革视角的京津冀产业区际转移税收
　　　　分享机制 ······ 075
一　京津冀产业区际转移的契机及可能性 ······ 075
二　京津冀产业区际转移的现状与困境 ······ 081
三　横向分税制 ······ 083
四　京津冀产业区际转移模式 ······ 091
五　本章小结 ······ 097

第六章　基于投资机制改革视角的京津冀区际基础设施
　　　　共建成本分摊机制 ······ 099
一　基础设施的定义与分类 ······ 099
二　区际基础设施对区域经济一体化的促进作用 ······ 105
三　横向成本分摊制 ······ 105
四　本章小结 ······ 113

第七章　基于自然资源资产产权制度改革视角的
　　　　京津冀生态补偿机制 ······ 115
一　京津冀流域生态现状 ······ 115
二　京津冀流域生态联防联控与财政横向转移支付 ······ 126
三　区际生态补偿机制 ······ 128
四　本章小结 ······ 136

第八章　结论与对策反思…………………………………… 137
　一　结论………………………………………………… 137
　二　对策反思…………………………………………… 142
　三　研究展望与不足…………………………………… 147

附录 A　哈马达模型………………………………………… 149

附录 B　CPLS 模型………………………………………… 152

附录 C　公式 6.5 推导过程………………………………… 163

参考文献……………………………………………………… 164

后　记………………………………………………………… 180

CONTENTS

1 Introduction / 001
    1.1 Backgroumd and Significance / 001
    1.2 Literature Review / 009
    1.3 Structure, Method and Innovation / 024

2 Experience Review / 027
    2.1 Draw Lessons from Domestic Experience / 027
    2.2 International Experience / 030
    2.3 Compare of domestic and overseas experience / 034

3 The basic Theories and the top-level design of the synergic development mechanism for Beijing Tianjin and Hebei / 036
    3.1 The Direct Reason and Basic Reason of Imbalance of Inter-regional Economic Interest / 036
    3.2 Basic Theory—Inter-regional Nash Equilibrium / 039
    3.3 The top-level design of the synergic development mechanism for Beijing Tianjin and Hebei and the Five Sub-mechanisms / 043
    3.4 History and Today of Coordination of Inter-regional interest for Beijing Tianjin and Hebei / 046
    3.5 Evaluation of the synergic development mechanism for Beijing Tianjin and Hebei / 051

CONTENTS

4 **Negotiation Mechanism and Arbitrage Mechanism From the Perspective of Vertical and Horizontal Integration** / 064
    4.1 The Spatial Spillover, Regional Administrative Boundary Segmentation and Negotiation Mechanism / 064
    4.2 Incomplete Rationality of Local Governments, Incompleteness of Market and Arbitrage Mechanism / 071

5 **The Horizontal Tax Sharing Mechanism from perspective of Fiscal and Taxation System Reform** / 075
    5.1 The Chance and Possibility of Industrial Transfer from Beijing to Tianjin and Hebei / 075
    5.2 Present Situation and Dilemma of the Industrial Transfer / 081
    5.3 The Horizontal Tax Sharing Mechanism / 083
    5.4 The Pattern of Industrial Transfer / 091
    5.5 Remarks / 097

6 **The Cost Amortization Mechanism from the Perspective of Investment and Financing Mechanism Reform** / 099
    6.1 The Definition and the Classification of Infrastructure / 099
    6.2 The Function of Inter-regional Infrastructure for Regional Economic Integration / 105
    6.3 The Amortization Mechanism / 105
    6.4 Remarks / 113

7 **The ecological compensation mechanism from the perspective of reform on property right system of natural resources** / 115
    7.1 The Present Situation of Environment of River Basin in Bejing Tianjin and Hebei / 115

  7.2 The Joint control and prevention of Environment of River Basin and Horizontal Financial Transfer Payment / 126

  7.3 The Ecological Compensation Mechanism / 128

  7.4 Remarks / 136

8 Conclusion and Proposal / 137

  8.1 Conclusion / 137

  8.2 Proposal / 142

  8.3 In the Future / 147

Appendix A The Model of Hamada / 149

Appendix B The Model of CPLS / 152

Appendix C The Formulation 6.5 / 163

References / 164

Postscript / 180

第一章 绪论

一 研究背景和意义

（一）基本概念界定

建立京津冀协同发展机制的关键是协调三地之间的经济利益。本书站在政府的层面，仅研究三地之间的经济利益协调。如无特殊说明，本书所涉及的区际利益均指区际经济利益。区际经济利益强调区际关系，它侧重于经济利益的再分配。区际经济利益是指特定的省（自治区、直辖市）从其他省（自治区、直辖市）或国家获得的排他性收益，属于社会福利再分配范畴；是生产要素不完全流动性、市场不完全竞争性、地方政府不完全理性所表现出的空间优势。区际经济利益具体表现为产业区际转移税收分享、区际基础设施共建成本分摊、区际生态补偿等。

（二）研究背景

从国际背景看，主权债务危机使不同国家、不同区域不得不坐在谈判桌前进行跨国跨区域合作。从国内背景看，十八届三中全会明确提出建立和完善跨区域城市发展协调机制。国家主席习近平"2·26"讲话强调加快建立能够促进京津冀协同发展的长效机制。国家"十二五"规划把推进京津冀区域经济一体化、打造首都经济圈、更好地发挥天津滨海新区在改革开放中先行先试的重要作用、推进河北沿海经济带发展提升到了国家战略层面，这给京津冀地区带来重大战略机遇，京津冀区域经济一体化发展步入了高速轨道。进入"十二五"时期的中后期，京津冀区域竞合关系也呈现出新的态势：京津冀三地均对区际合作赋予了新的内涵并提升到前所未有的战略高度。

（三）研究意义

京津冀三地政府在进行区域合作的同时也面临诸多矛盾，其中核心矛盾是区际经济利益非均衡。京津冀地区区际经济利益非均衡，主要表现在以下几个方面：

第一，产业同构与恶性竞争。Krugman（1991）提出了区域产业专业化指数（Specialization Index），用来计算一个地区的专业化水平与其他地区专业化水平的差距，反映区域产业结构的差异程度和产业结构特色。

$$S_{jk} = \sum_{i=1}^{n} \left| \frac{q_{ij}}{q_j} - \frac{q_{ik}}{q_k} \right| \tag{1.1}$$

其中，q_{ij} 和 q_{ik} 分别表示 j 地区和 h 地区 i 产业的产值，q_j 和 q_k 分别表示 j 和 h 地区的工业总产值。这里，$S_{jk} \in [0, 2]$，指数值越高，两地区产业差异程度越高；指数值越低，则两地区产业同构化程度越高。孙久文、丁鸿君（2012）使用该指数对京津冀三地的产业分工度进行了分析（见表1-1），发现北京与天津、天津与河北均存在不同程度的产业同构现象。[1] 尤其是天津与河北产业同构现象严重，从2005年到2010年，津冀两地区域产业分工指数的走势呈现下滑态势，从0.831574653下降到0.646720354，反映出津冀地区产业同构化现象出现恶化趋势，产业分工水平明显下降。如图1-1所示，除了石油和天然气开采业，黑色金属矿采选业，农副食品加工业，纺织业，非金属矿物制品业，黑色金属冶炼及压延加工业，有色金属冶炼及压延加工业，交通运输设备制造业，通信设备、计算机及其他电子

---

[1] 资料来源：孙久文、丁鸿君：《京津冀区域经济一体化进程研究》，《经济与管理研究》2012年第7期，第52~57页。

设备业，电力、热力的生产和供应业等少部分行业的区域分工指数相对高外，其他大部分行业的区域分工指数偏低，差异化程度不高，导致天津与河北整体的区域产业分工水平偏低。如图1-2所示，北京与天津也存在一定的产业同构现象。根据国务院发展研究中心统计数据（见表1-2），北京与天津的产业相似系数虽然在逐年下降，但直到2011年仍然达到了67.18%。产业同构带来的后患就是要素市场趋同和区域产品市场恶性竞争，价格扭曲致使市场失灵，发出错误的消费信号，误导消费者，打击生产者信心，使经济效率偏离帕累托最优状态。

表1-1 京津冀区域分工指数和均值方差

年份	北京-天津		北京-河北		天津-河北	
	2005	2010	2005	2010	2005	2010
区域分工指数	0.41888105	0.649022	0.9073909	0.918775	0.831574653	0.646720354

资料来源：孙久文、丁鸿君：《京津冀区域经济一体化进程研究》，《经济与管理研究》2012年第7期，第52~57页。

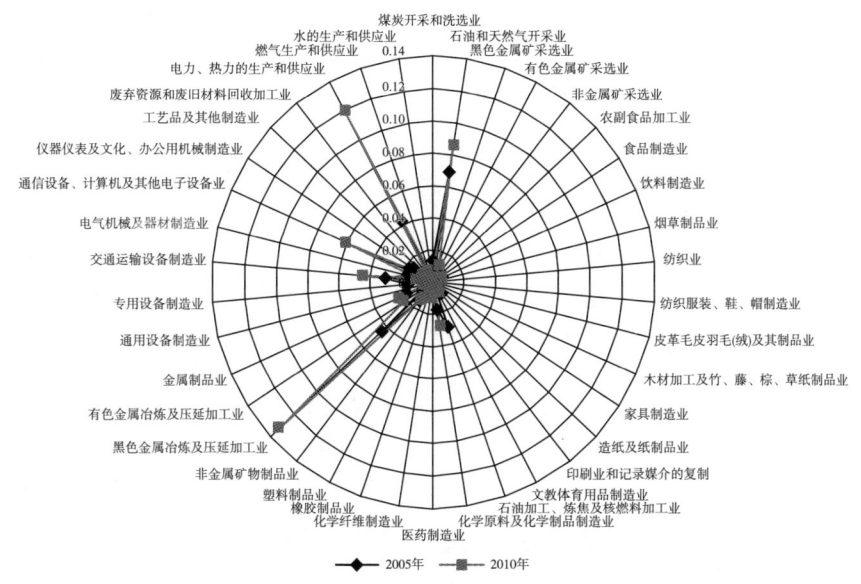

图1-1 天津与河北分行业的分工指数

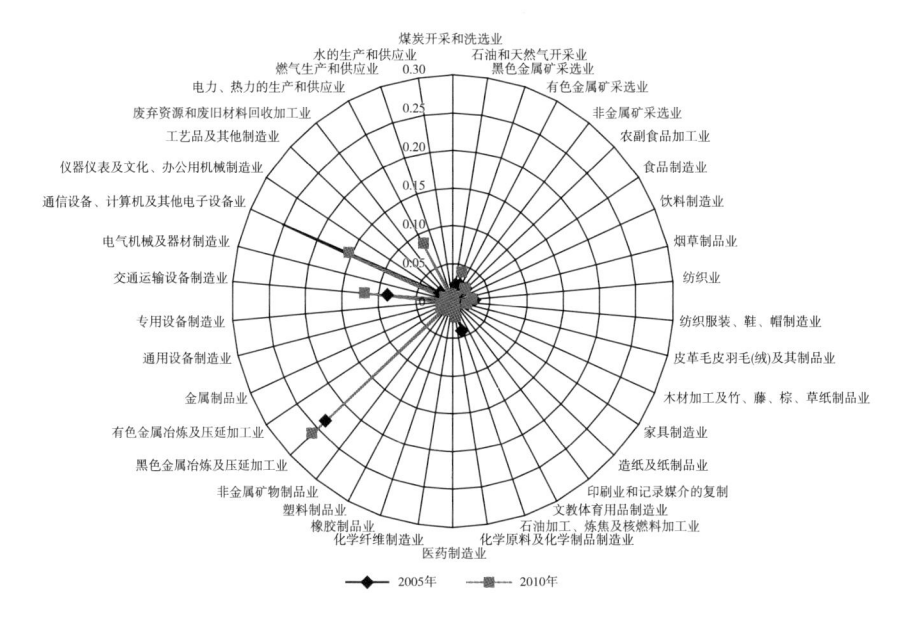

图 1-2 北京与天津分行业的分工指数

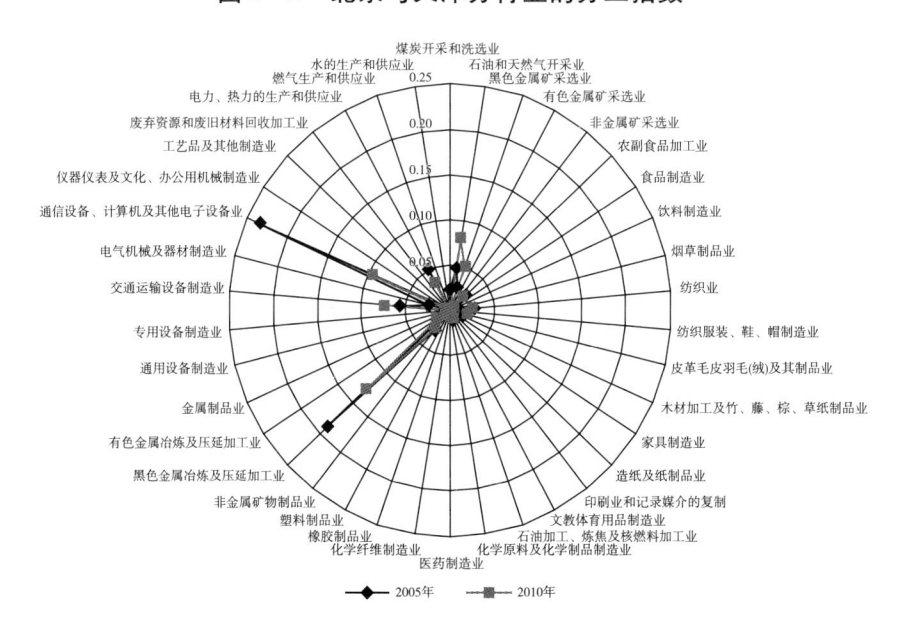

图 1-3 北京与河北分行业的分工指数

资料来源：孙久文、丁鸿君：《京津冀区域经济一体化进程研究》，《经济与管理研究》2012 年第 7 期，第 52~57 页。

表1-2 京津冀三省区工业结构相似系数

单位：%

	2006年	2007年	2008年	2009年	2010年	2011年
北京-天津	92.14	87.46	77.35	75.23	76.87	67.18
北京-河北	39.86	38.62	35.96	40.72	45.34	38.04
天津-河北	55.50	65.32	74.21	79.73	78.79	79.43

数据来源：国务院发展研究中心信息网统计数据库。

第二，区际市场分割与地方保护。地方政府出于政绩考核压力，有可能在生产和交换等各个环节设置不利于行政归属不在本地的企业或个人的规定，从而偏向本地区的生产者和消费者。例如，北京现代汽车被要求"救活"北京原有的汽车厂；北京市出租车换型过程中，北京市先后颁布了整车的设计方案和技术标准，每个设计方案都是以北京现代伊兰特、索纳塔为底板，而最后招标结果不出意外地也是北京现代汽车胜出；北汽福田多功能汽车厂选址密云，密云县政府要求该厂3000名职工中的80%要在本地招聘；廊坊虽然距离首都钢铁公司、天津钢铁公司很近，却在胜芳镇建设产能600万吨的钢铁制造基地。在法规方面，比如天津市地方法规规定，凡是外地施工企业施工产值达到一千万元及以上，就必须在当地工商部门注册，企业所得税全部在当地缴纳。《中华人民共和国企业所得税法》规定，居民企业在中国境内设立不具有法人资格的营业机构的（非法人分支机构），应当汇总计算并在企业注册地缴纳企业所得税。在就业方面，比如2009年北京市各区县政府批准招商引资企业招用本市城乡劳动力比例要达到50%以上，用人单位当年新招用人员中本市城乡劳动力比例要达到50%以上等。

第三，区际公共物品供给不足。区际公共物品由于存在非排他性和免费搭车现象，往往供给不足。

第四，贫富分化与生态恶化。这里的贫富包含两个层面：一是城市的发达程度，二是居民的富裕程度；城市的发达程度表现为社会整体的福利水平，居民的富裕程度表现为居民个人的福利水平。城市经济区位度 U_i 反映一个城市在所处都市圈中的经济地位和发达程度，即该城市与区域内其他城市经济联系势能的总和占区域内所有城市经济联系势能总和的比例，U_i 表示城市 i 的经济区位度，R_{ij} 表示经济联系势能（W. R. Tobler，1970），p_i 为城市市区非农人口，v_i 为城市市区 GDP，D_{ij} 为城市间直线距离。

$$U_i = \sum_{j=1}^{n} R_{ij} \Big/ \sum_{i=1}^{n} \sum^{n} j = 1 R_{ij}, R_{ij} = \frac{\sqrt{p_i \times v_i} \times \sqrt{p_j \times v_j}}{D_{ij}^2} \quad (1.2)$$

从 2000 年到 2012 年，在京津冀中，北京、天津的经济区位度遥遥领先河北省各市（见表 1-3），北京的区位度甚至将近承德的 20 倍，反映出区域经济实力、经济地位的巨大差距和空间分异现象严重。在京津冀的空间结构中，河北环绕北京，由于极化效应和虹吸效应，呈现出明显的"核心—边缘"结构。截至 2012 年，在城镇居民人均可支配收入、城镇居民人均消费支出、农村居民人均纯收入三项指标中，北京比河北高 1 倍左右；2012 年末，北京人均储蓄余额是天津的 2 倍，是河北的近 4 倍；北京每百户城市居民家庭拥有电脑 112 台，多于天津的 99 台和河北的 76 台；北京每百户城市居民家庭拥有家用汽车数为 42 辆也远多于天津和河北的 25 辆，显示出京津冀不同区域居民个人福利水平贫富分化严重（见表 1-4、图 1-4、图 1-5）。

在生态环境方面，北京、天津、河北三地人均水资源量都不足每年 300 立方米。按照国际公认的标准，人均水资源量如果低于每年 500 立方米那就是一个极度缺水的地区。华北平原地下水超采每年 1200 亿立方米，成为世界最大漏斗区，200 万口机井透支地下水估计近 2000 亿立方米。

表1-3 京津冀城市经济区位度（U_i）

区域	2000年	2005年	2010年	2012年
北京	22.69	23.58	24.93	24.92
天津	17.39	18.4	20.32	21.15
廊坊	13.42	13.22	13.92	13.94
保定	7.57	6.99	6.37	6.3
邢台	7.27	6.65	5.59	5.31
邯郸	6.78	6.39	5.53	5.27
石家庄	6.26	5.66	4.93	4.84
沧州	6.21	6.78	6.5	6.46
唐山	5.96	6.22	6.39	6.41
衡水	2.98	2.72	2.12	2.07
张家口	1.36	1.25	1.27	1.23
承德	1.25	1.29	1.36	1.35

资料来源：中国人民大学张耀军教授2013年京津冀发展高层论坛的发言稿。

表1-4 京津冀居民贫富差距对照表（2012年）

区域	城镇居民人均可支配收入(元)	人均储蓄(元)	城镇居民家庭恩格尔系数(%)	城镇居民人均住房建筑面积(平方米)	城镇居民人均消费支出(元)
北京	36469	104794	31.3	29.26	24046
天津	29626	50500	36.7	34.61	20024
河北	20543	28733	33.6	32.51	12531

区域	每百户城市居民家庭拥有电脑(台)	每百户城市居民家庭拥有家用汽车(辆)	农村居民人均纯收入(元)	农民家庭平均每个劳动力负担人口(人)
北京	112	42	16476	1.40
天津	98.9	24.9	13571	1.45
河北	75.53	25.28	8081	1.35

资料来源：北京市、天津市、河北省统计年鉴2013。

京津冀耕地盐渍荒漠化严重。盐渍荒漠化包括内陆盐渍和滨海盐渍。内陆盐渍主要分布于：张家口北部坝上草原地区（康保、张北、尚义、沽源等）；滨海盐渍主要沿滩涂海岸分布（黄骅、沧县、天津、

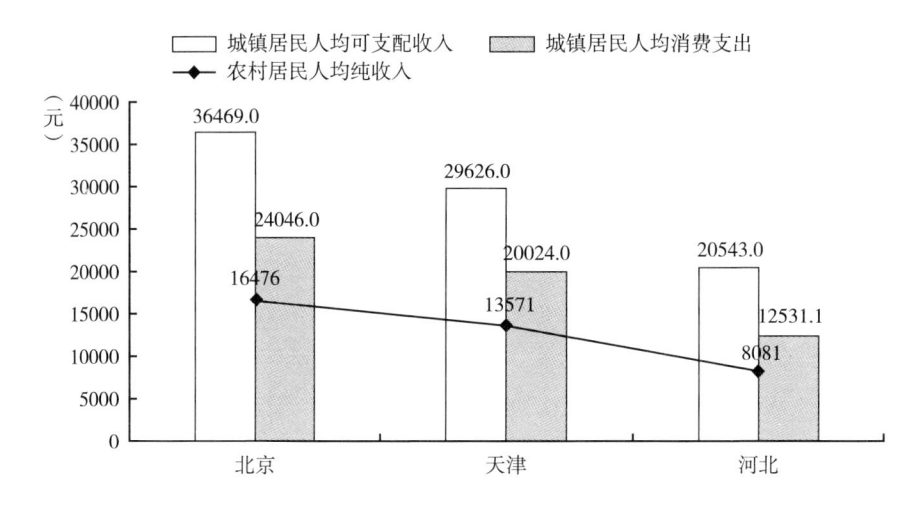

图 1-4　京津冀居民收入支出对照（2012年）

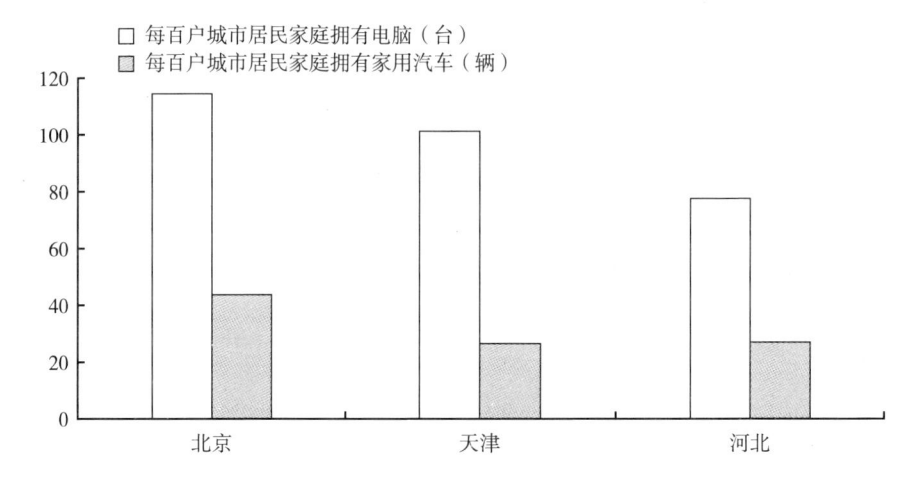

图 1-5　京津冀城市居民部分耐用品消费量比较（2012年）

资料来源：图1-4、图1-5根据表1-4绘制。

静海、霸州、昌黎、绥中、兴城、凌海等地）。由于工业化进程的加快，京津冀三地环境污染严重，生态系统功能脆弱。工业"三废"（废水、废气、废渣）造成的环境污染已经由城市向广大农村扩散，危及食物安全和健康。

第五，政绩竞争与重复建设。在我国现行的地方官员考核机制下，地方政府往往凭借良好的政绩晋升。以 GDP 为主要指标的考核竞争是我国地方政府政绩考核的特色。这种地方政绩竞争极易表现为机会行为主义特征。例如，基础设施的重复建设和优惠引资政策的过度供给，造成经济社会资源的极大浪费。

综上所述，上述五种现象体现出区际经济利益非均衡的危害性，而造成区际经济利益非均衡的直接原因是区域经济一体化的内在要求同行政边界刚性约束的矛盾，根本原因是地方政府有限理性和市场的不完全性。这一点，本书将在第四章详细讨论。

由于行政边界刚性约束的羁绊，区际经济利益的博弈主体是地方政府。地方政府会选择自身利益最大化的行为，而这种选择往往会导致社会整体的无效率，竞争的结果可能不是帕累托最优的，所以京津冀协同发展机制的建立显得尤为必要。京津冀协同发展机制是一种区域利益再分配机制。这种机制不仅对于缩小区际差距十分重要，还是化解区际经济利益矛盾、区际冲突，推进区域经济一体化必不可少的工具。这是本书的现实意义。本书的理论意义旨在突破行政边界刚性约束的羁绊，冲破地方政府利益固化的藩篱，破除制约京津冀区域协同发展的机制障碍，以经济的内在联系设计京津冀协同发展机制以达到区际纳什均衡。

二 理论综述与文献梳理

（一）制度、体制与机制

1. 制度、体制、机制含义

体制是一种顶层的权利体系，制度是中间层的管理方式，机制是最下一层的运行模式。制度提供了人类相互影响的框架，建立了构成一个社会，或更确切地说一种经济秩序的合作与竞争关系（Douglass C. North，1971）。Masahi ko Aoki（2001）认为，"制度"是一种社会建构，在同一区域还可能存在其他社会建构的情况下，它代表了参与人内生的、自我实现的行动决策规则的基本特征，因而治理着参与人在重复博弈中的策略互动。"机制"原指机器的构造和工作原理。生物学和医学通过类比借用此词，指生物机体结构组成部分的相互关系，以及其间发生的各种变化过程的物理、化学性质和相互关系。现已广泛应用于自然现象和社会现象，指其内部组织和运行变化的规律。按照《现代汉语词典》的解释，机制泛指一个工作系统的组织或部分之间相互作用的过程和方式。在任何一个系统中，机制都起着基础性的根本作用。在理想状态下，有了良好的机制，可以使一个社会系统接近于一个自适应系统——在外部条件发生不确定变化时，能自动地迅速做出反应，调整原定的策略和措施，实现优化目标。《大英百科全书》对机制的解释是，从哲学的角度来讲，机制是一个通过物质、运动和法律法规来解释自然现象的唯物主义主导形式，用来减少不可观测和不能用数学表达的超自然的事物本质。

2. 经济体制与经济机制

经济体制是指在一定区域内（通常为一个国家）制定并执行经济决策的各种经济机制的总和。林文益、于君（1984）提出经济体制是指一个国家组织和管理社会经济活动的制度和形式，是社会经济活动的规范。经济机制是经济体制的一个重要方面。它不同于经济体制的特点在于：它是一种内在的功能，要使社会经济生活的各个方面有机地结合起来并且协调地发挥作用，就需要经济机制贯穿其中。赵儒煜（1994）认为经济机制是一国国民经济乃至世界经济的构成原理及运行原理。经济体制是指整个社会经济活动中所有经济要素（包括经济主体要素和客体要素在内）的组合方式及其框架所形成的组织体系和秩序制度的总和。

（二）区际利益与区际矛盾

1. 区际利益

全治平、江佐平（1992）认为地方利益是指地方在经济上的好处。在经济上对某个地方有利的东西都属于该地方的经济利益。部分专家学者认为区域利益是地方经济主体在一定的约束条件下，为满足自身效用最大化所创造出的经济利益。程必定（1989）、柳新元（2002）、韦伟（1995）、江曼琦（2000）认为，地方经济利益，是指各地方政府根据其所处的特定环境条件从事特定的经济活动所要求的从其他区域或国家获得的排他性收益，是生产要素不完全流动性所表现出的区域资源优势。地方经济利益主要表现为，地方经济作为国家经济中的一个相对独立部分，无论是在财政收支、企业利润分配、社会公共福利，还是区域经济增长等方面都具有独自的利益。张可云（2001，2009）指出区域利益是指在一定的社会生产方式下，由经济上具有同质性或内聚性且彼此邻接具有一定共同利益的空间单元，其组成的经济区主体通过预先设定或区域经济活动而实现的、能满足特定区域内主体或中央政府在特定区域内需要的一定质与量的客观对象。它体现在区域竞争过程之中，通过区域经济联系实现。市场失灵是区域经济矛盾产生的核心原因。余明勤（2003）提出区域经济利益是指在一定的地表空间环境中，各经济行为主体从事社会经济活动所追求的经济需要的满足。汪伟全（2009）从公共管理和行政体制改革的视角分析了地方利益产生的背景，认为行政分权为地方利益的实现提供了政治基础和行政保障，而财政性分权为地方利益的实现创造了经济动力和激励机制。地方政府拥有相对独立的利益也成为地方政府彼此竞争、发展经济的动因。

2. 区际矛盾

部分学者从中心城市与其周边腹地关系角度研究，找出了导致区际差距以及区际矛盾的作用机理,包括"极化—涓滴效应"(A. O. Hirschman,1958)、经济增长与区域平衡倒 U 型曲线(Williamson,1965)以及"核心—边缘"理论(J. R. P. Friedmann,1972)等,而研究这一机理的国内专家有胡序威、周一星、顾朝林(2000)等。Krugman(1991)以垄断竞争、规模收益递增和多元化偏好为前提重建了"核心—边缘"模型,其核心结论是:在贸易自由度很低的初始条件下,生产和人口呈稳定的分散布局格局,随着运输成本开始下降,人口和生产的区位在初期不会立即受到影响,但运输成本下降到某个临界值以下时,工业人口向某个区域迁移和工业生产随之积聚并不断加强的循环累积过程则会一触即发,不可避免,并很快形成工业核心区和农业边缘区这种稳定的"核心—边缘"空间结构。Martin and Rogers(1995)提出了 FC(Footloose Capital Model)模型,在 FC 模型中,流动要素的重新布局导致产业活动的重新布局,这种产业的重新布局使一个区域受益,另一个区域受损,造成区际经济利益冲突。从劳动所有者的角度看,市场和规划者都在资本富裕的地区配置了过多的企业。Breton(1996)详尽地阐述了竞争性政府(competitive government)的概念,认为政府间竞争中存在许多亟待解决的问题:比如公共物品和服务的掠夺性定价、负外部性溢出、贸易壁垒、同盟勾结、鼓励过度地模仿等问题。这些问题均容易诱发区际矛盾。这些问题的解决,单凭地方政府间的合作机制很难建立起稳定的竞争关系,还需要中央政府的监管。中央政府监督地方政府的工具有很多:使用禁止法令和条例、区域性政策、政府间授权等。张维迎、栗树和(1998)认为地方之间的经济发展竞争是导致地方利益冲突的重要原因。叶裕民(2000)认为区际贸易冲突加剧是我国区域经济发展中存在的重大问题。John McLaren(2002)提出了潜在地方保护主义理论,认为地方保护主义不断上升的原因是协调失败,而协调失败源于两大因素:部门细分沉没成本和谈判摩擦。这些将导致区域内的专业化程度加强，分工程度提高，而区际的分工减弱，从而使地方保护主义的预期供给能够创造出它自己的需求，形成一个帕累托次优均衡。地方保护主义是形成区际矛盾的原因之一。Richard Baldwin, Rikard Forslid, Philippe Martin, Gianmarco Ottaviano and Frederic Robert-Nicoud（2003）提出了对流动要素的区际间税收竞争，使得追求社会福利最大化的政府选择过低的税率。税收竞争同样可以诱发区际矛盾。部分专家学者证明了，区际间的税收竞争将导致均衡时的税率低于社会最优税率，地方政府降低税收征缴力度并导致更低的福利水平（Hongbin Cai & D. Treisman, 2004；安虎森, 2009）。陈秀山、张可云（2003）指出当区域经济差距达到至少使一个区域的利益低于利益临界点时，区域经济合作绝对不可能发生，区域经济关系很难协调。安树伟（2004, 2005）提出由于行政边界、政府职能和地方政府行为对区域经济的刚性约束，在行政区交界地带形成了"行政区边缘经济"现象，其主要特征是经济的欠发达性、不协调性和一定的冲突性。肖金成（2007）指出环渤海地区间港口竞争大于合作，致使其经济合作面临挑战。Berliant, M. and Fujita, M.（2007）在Krugman的基础上建立了TP（Two Person Model）模型，其结论之一是当知识扩散效应无边界时，边缘区享受不到核心区知识创新集聚的经济增长效应，"核心—边缘"空间结构下的边缘区工人福利水平存在净损失。TP模型指出，集聚式的经济增长方式是最有效率的，而这种增长方式能否稳定持续的关键在于经济效率的提高能否给边缘区的人们带来"净福利"。如果知识创新集聚刺激产生的经济增长足够大，能给边缘区带来这种"净福利"，边缘区仍将选择集聚式的经济增长方式；反之，边缘区将会拒绝选择区域协调发展即一体化的发展道路。部分专家学者分析认为，区域利益主体或区域利益集团秉持着经济人的有限理性，所以由区域公共问题引致的区域公共物品和区域外部性问题同样存在区域消费主体"搭便车"和"拥挤"现象，隐藏着"公共地的悲剧";与此同时,市场经济下的政区竞争加剧,形形色色的地方主义、山头主义、诸侯经济等恶性竞争屡禁不止。Thierry Madies 和 Jean-Jacques Dethier(2012)提出,地方政府间的财政竞争会导致区域税率"向下逐底"的恶性循环,随着竞争的加剧,区域经济一体化程度呈现驼峰形态,不利于区域经济一体化进程。

(三)区际协调与协同发展

协调,现代汉语词典的解释为"和谐一致;配合得当",描述了系统内部各要素的良性相互关系,强调"和"与"合"的概念。《牛津哲学辞典》认为,协调是"各方利益相一致的状态以及使各方利益得到满足的手段"。吴群刚、杨开忠(2010)提出要改变人口向首都过度聚集现象,就必须完善京津冀区域合作协调机制,提高周边城市的人口吸纳能力。

1. 基于博弈论的视角

2012年诺贝尔经济学奖获得者 Shapley L.S(1953)给出了 n 人合作博弈利益分配的一个解的概念——夏普利值(Shapley Value)。夏普利值可以解决合作博弈时的利益协调问题,也可以作为协调机制的定量参考。博弈论对于研究利益冲突的情况最为适用(Walter·Isard,1956)。Holmstrom 和 Milgrom(1987)设计了一个参数化的委托——代理模型,从非对称信息博弈的视角研究委托人如何通过部分可观测到的变量激励代理人选择对委托人最有利的行动。部分国内的专家学者也从合作博弈的视角,通过分析中央政府与地方政府、地方政府之间的经济利益博弈过程,提出了树立合作的重复博弈思维,应建立良好的信息沟通及多边协商机制(张朋柱,2006;金太军,2007)。

2. 基于传统区域主义的视角

部分专家学者以传统区域主义(Regionalism)为指导,解决区域协调问题。传统区域主义盛行于20世纪50~80年代,认为过于破碎、分散的行政单位是导致大都市地区区域隔离、造成区域分裂的主要根源，因此通过行政边界调整，组建统一的大都市地区政府可以促进区域协作，优化区域层面的公共物品供给。Winston W. Crouch（1957）认为政府机构的层级单元无法跟上都市圈绵延的速度，需要设立大都市区政府机构，统一整个区域协调。大都市区包含了多样化的政府结构，而这恰恰被认为是导致治理缺陷和制度失败（如无计划的发展、不充足的资源基础、缺乏管理能力和专业技能、在共同问题上缺乏一致行动、责任混乱、种族与社会隔离、财政不均、财政剥削等）的原因，所以解决的办法就是建立一个适当的统一结构，即在每一个大都市区尽可能只有一个地方政府。有学者形象地将这一政府称之为"巨人政府"，其意义可以不证自明：将大都市区的所有或大部分小型地方政府整合成为一个统一的、普通型的、强有力的、管理整个地区的大都市区政府。这样的政府才能消除推诿、混乱和缺乏责任心（Robert C. Wood，1958）。Rusk（1993）对全美320个都市地区和其中522个主要城市1950~1990年的发展情况进行了计量分析，结果发现，概括而言，都市地区分散治理程度越高，其种族和经济隔离的程度越高。要想消除严重的种族和经济隔离，必须做的第一步是扭转城市地区的分散治理。在地方自治传统的影响下，以美国为代表的许多西方国家一直存在着显著的政治"碎片化"现象，也即单一的城市地区内存在大量拥有独立自主权利的地方政府单位。因此，传统区域主义倡导的通过组织"集权式"管理来应对政治权利过于分散的治理策略，协调区际关系，在20世纪中前期曾一度盛行。在传统区域主义看来，地方政府碎片化阻碍了大都市地区的自我实现能力，所以只存在一个主导性决策中心的政治体制成为大都市地区的理想政府模式，也就是说，通过把都市地区重组为更大的行政单位——"巨人国"，可以促使大都市地区协调发展（麦金尼斯，2000）。这种被形象地描述为"巨人政府论"的区域治理与协调机制建立在这样的认识逻辑上：自主分散的多中心政府单位致力于追求各自的利益，无法解决大都市地区中各种各样的区域矛盾，从而造成"有组织的混乱"，而组建统一政府则是应对这类问题的一剂良方（李国平，2004）。

3. 基于公共选择学派的视角

主张"多中心结构"的公共选择学派（Public Choice）站到了传统区域主义的对立面上。第二次世界大战之后，三位经济学家共同创建了公共选择理论，即 Duncan Black 的《论集体决策原理》、James Buchanan 的《政府财政的纯理论》、Kennerh Arrow 的《社会选择的个人价值》。James Buchanan（1962）曾指出，在公共选择理论中，地方政府并不是我们所想象的一个抽象实体，也不是我们所想象的那样单纯以所辖地区福利最大化为目标，政府的行为反映了追求自身利益的各种经济主体的利益关系。Ostrom（1962）认为，大都市地区内部的多个地方政府并不是杂乱无章地运行，相反地，它们因为竞争关系的存在构成了一个相互依赖的关联体系，政府之间会彼此考虑，展开多种契约性和合作性的事务或尝试建立解决冲突的集中机制，使得相互的行为变得协调和可预期。Feiock（2007，2009）提出如果地方政府可以消除或克服彼此之间的交易成本，则超越政治的地方政府间的相互协调可以提高政府运作效率。

4. 基于自组织理论的视角

部分专家学者利用自组织理论获得了区际经济利益协调的思路。自组织理论最初源于生物学的研究。俄国医生兼哲学家伯哥但诺夫创建了一门新兴学科——组织形态学，开始了自组织理论的研究。自组织理论主要由20世纪60年代以来兴起的一些系统理论构成：包括普里戈金（I. Prigogine）等创立的"耗散结构"理论、哈肯等创立的"协同学"理论、托姆创立的"突变论"数学理论、艾根等创立的"超循环"理论（Hypercycle Theory），以及曼德布罗特（B. B.

Mandelbrot)创立的分形理论(Fractal Theory)和以洛伦兹为代表创立的"混沌"理论(Chaotic Theory),等等。美国学者埃里克·詹奇(1992)认为,自组织存在于生物界、非生物界和人类社会等宇宙的各个层次和系统中,它是自然系统演化的动力,是宇宙进化真正主动的力量。谭遂、杨开忠、谭成文(2002)详细比较了 Krugman 的自组织理论与 Allen 的自组织理论,并从各自不同的出发点模拟了城市群的形成、发展与协作的过程。自组织理论认为:自组织具备开放的复杂系统的基本属性,向系统注入能量使得一定的参数达到某个临界值,系统往往会自动形成某种秩序和模型,亦即系统演化无须外界的特定干扰,仅依靠系统内部各要素的相互协调便能自动达到某种目标。自组织不需要外因作用,通过系统内部的自我组织和协同而趋向某一目的。如果说随机是一种盲目的、被动的行为,那么自组织就是有目的、主动的选择活动(吴传清、刘陶、李浩,2005;金丽国,2007)。

5. 基于区域治理的视角

还有一些专家学者从区域治理的视角研究了区际经济利益协调。"治理"(governance)一词最早出现于 14 世纪,起源于拉丁文和古希腊文,意思是对船只的"控制盒操纵"。区域治理学派于 20 世纪 90 年代在北美出现。区域治理体现了新区域主义的思想,并包含了区际经济利益协调机制,区际经济利益协调机制是区域治理的一部分。Judith Norvell Jamison 和 Richard Bigger(1957)以美国洛杉矶大都市区为例,研究都市区协调机制。其中研究结论的重要的一点是建立城乡协调机构(The County-City Coordinator),并由城市和乡镇的议员共同制定区域公共服务政策。张京祥(2002)认为,区域治理的重点是涉及不同层级政府或发展主体间、同级政府之间的权力互动关系。余明勤(2004)认为区域经济利益机制是指区域中各经济行为主体依据一定的经济规则,为获取相应的经济利益,在利益得失的利害关系作用下，相互自动地约束着各自的经济利益目标，协调着彼此的经济利益要求。安树伟（2006，2007）从区域治理的角度提出了完善中国大都市区管治的若干建议，包括重新定位政府职能，建立综合的或专门的跨区域行政组织以强化区域协调管理，协调政府与跨国公司、非政府组织、政府间组织以及市民社会等主体之间的关系，大力发展非政府组织，构建完善的垂直管治体系和水平管治体系，实现由"后果导向"式管治向"原因导向"式管治的转变，逐步建立多元化的管治模式。郝寿义（2007）提出区域治理是内生于一个区域的正式或非正式的制度安排，通过这些制度安排，区域主体可以实现区域内部的集体行动，包括设定区域的目标和规则，做出区域公共决策，组织并协调区域的集体活动等。部分专家学者提出过去的区域合作只是一种纯粹的政府管理，由于缺乏众多利益相关者参与而导致合作效率低下、利益冲突频现。因此，必须逐步走向区域治理，以形成区域内多元利益相关者的协作性治理（孙兵，2007；马海龙，2008；张紧跟，2009）。由于大都市地区的行政管理权限往往被分割掌握在层次不同、大小不同的州、省、市手中，如何突破行政壁垒和地方利益等各种客观障碍，有效实现大都市地区的区域合作与协调发展，已经成为大都市地区建设面临的巨大挑战。尽管大都市地区具有高层次的全球联系和国际化地位，但其内部发展的差异性始终存在，需要建立起由政界、商界、市民共同参与合作的整体行为框架和区域治理机制，以提升区域协调的能力和水平（APL，2007）。在区域治理或者称谓新区域主义理论和实践发展的推动下，欧美各国的都市圈（Metropolitan Region）相继发明了多种颇有创意的新型政务管理的模式。比如，在英国的伦敦、美国的明尼安那波利斯（Minneapolis）和波特兰（Portland）等城市出现了一种"多层次"（Multitier）的治理模型。这种模型在最大限度上保留了一个都市圈内各级地方政府的组织结构以及管理功能，在此基础上，建立了一个地区性的"伞型"

(umbrella level) 管理机构。这个管理机构并不越权管理其辖区内各级政府的日常事务，而只是负责涉及各个辖区之间的区域范围政务，比如大型水域的环境保护、城市之间的轨道交通和区域财政事务等。各级地方政府仍然负责全面的公共服务，保持原有的决策权和独立性 (Savitch, 2010)。David Young Miller 和 Joo Hun Lee (2011) 将区域治理分为三种类型：第一，完全一体化型；第二，中央集权型；第三，混合型。安树伟 (2010, 2011) 提出主体功能区建设中一个完善的区域利益协调机制，应该包括协调目标、协调内容、协调主体（利益相关主体）、协调手段与途径、协调程序等。未来我国主体功能区建设中的区域利益协调模式应该是一种网络型的治理模式。区域治理是个人或机构管理其共同事务的诸多方式的总和。它是使相互冲突的或不同的利益得以调和并且采取联合行动的持续过程，既包括有权迫使人们服从的正式制度和规则，也包括各种人们同意或认为符合其利益的非正式的制度安排。区域治理主体不仅包括通常所说的区域政府，还包括参与治理的企业以及非营利组织，它们共同承担着公共事务治理的责任。治理机制为各主体提供一个公平的交流平台，各主体可在这个平台上表达自己的利益诉求，主体通过这样的博弈方式确立共同的目标，建立合作、协商、伙伴关系，以解决公共议题。朱传耿、仇方道、孟召宜 (2011)，Dirk Willem te Velde (2011) 提出建立区域发展机构有利于区域经济深度一体化的观点。

6. 基于新经济地理学与新新经济地理学的视角

新经济地理学 (Krugman, 1991; Fujita, 1995; Venables, 1996) 强调规模收益递增、"冰山"运输成本和垄断竞争为前提的市场环境，由于存在运输成本和消费者的多元化需求，当市场接近效应产生的集聚力大于生活成本效应所产生的扩散力时，"核心—边缘"的城市空间结构极易在某一区域形成，而且是内生的；那么，如果该区域没有一个区际经济利益协调机制，"核心—边缘"结构在循环累积因果效应的作用下将进一步巩固,拉大城乡差距,加速贫富分化,对社会稳定是不利的;而一般的扩散政策很难撼动现有的空间格局和利益格局,原因是存在区位黏性和路径依赖,这就需要一个强有力的协调机制来突破这种黏性。Fujita, Krugman 和 Mori (1999) 阐述了这样一种趋势,即等级相同的城市更容易彼此合作,而现有趋势表明高等级的城市会容易和级别比它低的城市合作。安虎森 (2009) 从新经济地理学角度阐述了区域经济一体化与区域协调之间的关系,在存在集聚力的块状经济中,完全自由化使得各种要素向经济发达地区集中,这可以提高整体经济的增长率,同时降低欠发达地区所拥有的产业份额。因此,区域经济一体化的福利效应应从动态和静态两个方面去考虑,动态效应是指产业的集中导致区域整体经济增长率的提高,整体经济增长率的提高将提高整体的福利水平;静态效应是指自由化可提高流动要素的流动性,使得可流动要素向经济发达地区集中,这将减少欠发达地区的产业份额,而国民收入的区际分配取决于不同区域所拥有的产业份额的多少,因此,产业份额的减少降低欠发达地区的福利水平。如果动态效应大于静态效应,则一体化可以实现区域经济协调发展;反之,后者大于前者,则一体化加大区际发展差距,无法实现区际经济利益协调。Andrew (2009), Feiock 和 Scholz (2009) 在借鉴 Krugman "核心—边缘"模型的基础上提出了 ICA (Institutional Collective Active) 框架,建议地方政府通过制度安排相互合作提高彼此对经济活动的吸引力,用以提高区域整体福利而不是采取各种正式或非正式的制度安排用以相互竞争。刘普、李雪松 (2009) 以外部性理论为基础,建立了区域关联效应模型,并论证了区域关联效应具有乘数关系;在此理论前提下,探讨了区域经济一体化与区域合作和区域补偿政策这两种区域协调机制的运行机理和实际运用。方中权、余国杨 (2010) 将空间要素纳入区域协调机制中,认为空间协调机制就是关于区域空间协调的制度安排,它是指为实现区域协调、健康发展，协调各种利益主体之间的矛盾，促进人口、经济、资源、环境的空间均衡，规范空间开发秩序而建立的一整套机构组织、措施手段和相关的政策法规。Simon A. Andrew 和 Richard C. Feiock（2010）认为地方化的区域协调合作不是单一的双边或多边协议或者安排，而是一系列可叠加的网格化服务协议；所有协议倾向于集聚在同一个地理区域且该区域涵盖多个行政区划。

Melitz（2003）将企业异质性引入 Krugman 的"核心—边缘"模型，建立了异质性企业垄断竞争模型，开创了新新贸易理论；Baldwin, Okubo（2006）将 Melitz 的企业异质垄断竞争模型与新经济地理模型相结合，这标志着新新经济地理学的诞生。新新经济地理学分析异质企业的区位选择与空间集聚关系，发现存在两种效应：一种是企业分类选择效应，另一种是企业区位选择效应。效率最高的企业首先选择从小区域向大区域重新选址，逐渐将企业定于市场规模较大的地区。与克鲁格曼的"核心—边缘"模型的随机性产业聚集不同，该研究认为这是一种非随机的空间选择，能够促进中心区生产率的提高，迫使边缘区生产率降低，这就是企业区位选择效应。国家为了平衡地区经济发展而采取财政补贴的政策，非合理或者不够力度的补贴会对本地市场效应产生强化作用促使高生产率的企业向中心区的集聚，而低生产率企业受成本的影响，为了获得政府的补贴而迁往边远地区，从而形成更为稳定的"核心—边缘"空间结构，这个结果就是企业分类选择效应。两种效应形成的累积作用促使城乡二元矛盾以及区际矛盾更为明显。

7. 基于市场机制的视角

这类主张主要来自新制度经济学。"新制度经济学"这个概念是由 Oliver E. Williamson 最先提出来的。科斯（Coase, R.）于 1937 年发表的《企业的性质》，1960 年发表的《社会成本问题》首次提出并明确了交易成本概念，成为新制度经济学的奠基者。科斯认为外部性产生的原因在于市场不完全，因此可以通过提高市场覆盖率进而由市场机制自行解决外部性问题。在交易费用为零和产权界定明晰的情况下，私人之间所达成的资源协议可以使经济活动的边际私人净产值和边际社会净产值相等，从而排除导致外部性存在的根源。在此基础上，科斯提出了三大定理。第一定理说明在零交易费用的前提下，清晰的产权会自动地实现资源配置的帕累托最优；第二定理认为，在存在正交易费用的条件下，不同的产权安排会带来不同的资源配置效率，因此，产权制度对经济活动的效率至关重要；科斯第三定理则阐明了不同产权制度设计本身的成本是不同的，其导致资源配置效率的差距。

市场型协调机制的含义是通过市场对资源配置发挥决定性作用，从而减少政府对资源配置负外部性的地方保护。市场协调机制的典型逻辑在于市场机制造成的负外部性是由于缺乏明确的产权界定。产权界定明晰、产权交易、污染收费可以克服市场负外部性所带来的资源配置无效率。但是，产权的界定也是有成本的。区域经济主体属于中观经济范畴，仅将产权界定清楚，是否就能提高协调效率还有待进一步研究。

8. 基于科层制的视角

英文"Bureaucracy"一词，一般译为"科层制"，或译为"官僚制"。"Bureaucracy"这个词是 Monsieur de Gournay 在 1745 年首先使用的。科层制组织理论由德国著名的社会学家马克斯·韦伯（Max·Weber）所创立。Weber 的科层制组织不是日常意义上的文牍主义、墨守成规、效率低下的组织现象，而是指一种理想类型的组织结构形态及其行为模式。其中，合理合法的权力或职权是科层制组织的核心要素，以合理合法的权力为基础的科层制组织是有效地进行管理的组织形式。韦伯认为，科层制不是指一种政府类型，而是指一种由训练有素的专业人员依照既定规则持续运作的管理体制。张可云（2005）

建议国家成立超越行政区划的权威区域协调机构，以一种自上而下的范式协调区际矛盾。所谓科层制是与市场相对的一种资源配置方式；作为一种管理制度，是指依托组织内部的等级制权威性，通过正确的奖惩制度对下属的行为进行规范。科层制用一种协调的方式使相互依赖的单位之间具有可预测性，从而减少彼此之间交易的不确定性；科层制通过命令来解决交易主体之间讨价还价的不确定性（张紧跟，2006）。区域合作与治理的内涵：是基于一定的经济、政治、文化和自然等因素而联系在一起的城市群间的地方政府、非政府组织以及社会公众对区域城市间的公共事务、经济事务甚至个人事务进行的协调和自主治理的过程。城市合作机制的模式分为：科层式、自发式、混合式三种（祝尔娟，2009）。王勇（2010）提出中央政府依靠自上而下的层级控制手段进而实施的科层型协调机制，对于促进政府间横向协调发挥着举足轻重的作用。

9. 关于京津冀区际协调机制的综述

叶卫平（2006）认为体制机制的创新是京津冀区域经济协调发展的保障，它涵盖了几个方面的创新：区域政绩评价机制的创新，区域财税体制的创新，区域利益分配机制的创新。陈斐、陈秀山（2007）提出促进区域协调发展的重点是健全区域之间相互促进、优势互补的市场机制、合作机制、互助机制和扶持机制四大区域协调互动机制。肖金成（2007）指出环渤海地区间港口竞争大于合作，致使其经济合作面临挑战，因此需要通过合理的协调机制，强化港口间的分工合作。臧学英（2007）提出在市场经济条件下，破除行政区划的途径是，建立以产业集聚为支撑的区域联动合作机制；寻找区域合作的路径和空间，用合作博弈替代恶性竞争，加速区域产业的优化和提升。陆大道（2008）提出应将生态保护和生态补偿纳入政府的宏观调控和协调职能中。吴群刚、杨开忠（2010）从处理好人口、经济和生态关系的角度，提出要改变人口向首都过度聚集现象，就必须完善京津冀区域合作协调机制，提高周边城市的人口吸纳能力。

三 本书结构安排、研究方法及创新点

（一）本书结构安排及研究方法

本书的第一章绪论介绍了本书的研究背景和意义，内容上还包括理论综述和文献梳理以及本书的结构、研究方法、创新点。第二章为区际协调的国内外经验借鉴。第三章介绍了京津冀协同发展机制的顶层设计及五类分机制。第四章介绍了地方政府有限理性与协商机制的关系和经济空间溢出、行政刚性边界与仲裁机制的关系。第五章论述了京津冀产业区际转移与分享机制。第六章论述了京津冀区际基础设施共建与分摊机制。第七章论述了京津冀生态联防联控与补偿机制。本书最后一章是结论（定性结论、定量结论）以及对策建议。本书共八章，参考理论为区域经济一体化理论、新经济地理学和新新经济地理学理论；研究方法为博弈论以及空间计量经济学，技术路线如图1-6所示。

（二）本书创新点

第一，理论创新。本书以区际纳什均衡作为协同发展机制的理论基础，研究能够突破行政边界刚性约束的羁绊，冲破地方政府利益固化的藩篱，以经济的内在联系为基石的京津冀协同发展机制。

第二，机制创新。本书将京津冀协同发展机制的顶层设计分为五个分机制：仲裁机制、协商机制、分享机制、分摊机制和补偿机制。仲裁机制基于纵向协调的视角；协商机制基于横向协调的视角；分享机制基于财税机制改革的视角；分摊机制基于投资机制改革的视角；

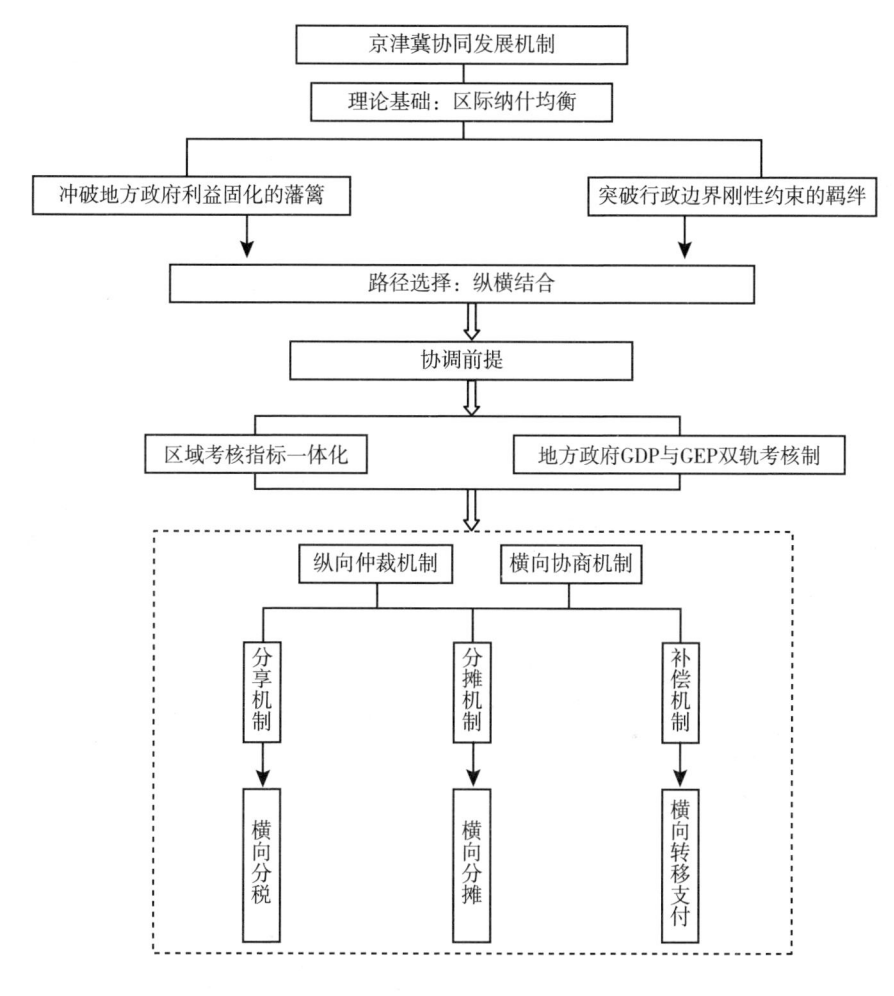

图 1-6 技术路线

补偿机制基于自然资源资产产权改革的视角。纵横结合，每个分机制分别对应了具体的协调内容：仲裁机制对应建立权威仲裁机构；协商机制对应市长联席会议制；分享机制对应横向分税制和双边匹配机制；分摊机制对应横向成本分摊制；补偿机制对应横向转移支付制，并使用模型化方法分别求解各个分机制的区际纳什均衡。从产品设计上，分享机制针对竞争性产品设计；补偿机制针对公共性产品设计；

分摊机制针对半竞争半公共性产品设计。

第三,方法创新。本书将多用于微观主体(经济人)的博弈论引入中观主体(地方政府)的区际经济利益协调中,以空间计量为手段,以合同契约为形式设计京津冀协同发展机制,增强了机制的直观性和可操作性。

第二章 区际协调的国内外经验借鉴

他山之石可以攻玉，本章分别比较国内成功的区域项目合作协调经验和国际大都市圈的区际经济利益协调经验，并从中总结提炼京津冀地区可以借鉴的经验。

一 国内经验

（一）台北市与基隆市垃圾处理合作经验[①]

基隆市第一掩埋场垃圾处理量于 2002 年底饱和，且其焚化厂承包商因无力续建而停工，复工时间又无法掌握，届时将可能引发基隆市垃圾无处可倒的困境。基隆市环保局未雨绸缪，主动向台北市环保局提议以互惠原则共同合作处理垃圾。台北市环保局考虑到第二掩埋场将于 2004 年 6 月封闭，第三垃圾掩埋场最快于 2005 年方能启用，为了解决衔接空档期间的垃圾处理问题，台北市便开始研究与基隆市共同建立紧急情况下合作处理垃圾的机制，以解决双方垃圾处理的危机。台北方面，由于三座垃圾焚化厂（内湖、北投、木栅）已相继完成改良扩容工程，而且实施垃圾费随袋征收政策已经有一段时间，每天至少多出 1200 吨的垃圾容量，将有代替焚化基隆市 500 吨垃圾的额外能力。基隆市天外天掩埋场则尚有 70

---

① 龚意琇：《台湾垃圾跨区域处理之个案研究》，台湾大学政治学研究所，2002。

余万立方米的剩余空间，如果台北市能够代其焚烧每日500吨垃圾量，将可减少80%的垃圾掩埋体积，天外天掩埋场便能空出70万立方米的垃圾容量容纳台北市的垃圾，届时两市垃圾无处倒的状况便能得到缓解。根据台北市政府与基隆市政府所制定的《区域间都市垃圾处理紧急互助协议书》规定，两市将以"等量垃圾"交换处理方式进行合作，即采取"以量易量"、"以垃圾易垃圾"的合作原则。县市间合作模式的形成，除了靠行政单位间的协调外，双方立法单位的意见也相当重要。台北、基隆两市初定的合作方式是经由双方环保局协商后所共同研究拟定的，而第一阶段的协议内容也获得两市市长与基隆市议会的同意。协议主要内容强调双方以等量互惠为原则，也就是基隆市代台北市处理的一般废弃物总重量应与台北市代基隆市处理的垃圾总重量相同。台北市政府代焚化处理基隆市政府的可燃一般废弃物（不含巨大垃圾），每天不超过500吨，并代为收存焚化后产生的灰渣，待基隆市新设掩埋场完成后运回基隆市，并且基隆市应接受台北市归还等重量的焚化灰渣。而基隆市也配合台北市的需要，待其第二掩埋场完工后，再代台北市处理一般废弃物（含一般垃圾、巨大垃圾、沟泥及焚化灰渣），并且以独立分区代为暂存飞灰固化体。但基隆市代台北市暂存的飞灰固化体，应于台北市第三掩埋场完成后，运回台北市。这样一来，台北与基隆两市除了满足自身社会环保需求外，还实现了经济互惠。台北市每吨掩埋处理垃圾成本为2312元，若代基隆市焚化处理垃圾，每吨的成本为2074元。因为台北市地价较高，掩埋场占地又较焚化场大，因此掩埋成本高于焚化成本。若与基隆市合作，则台北市每代基隆市焚化1吨的垃圾，基隆市则必须代台北市掩埋1吨的垃圾，所以台北市每代处理1吨垃圾便可节省238元的成本。台基两市不仅垃圾处理设施得到了充分利用，还节省了垃圾成本，实现了双赢目的。

（二）深圳市与成都市发展海铁联运经验[①]

海铁联运是多式联运的重要环节。所谓多式联运，主要是指货主的货物从生产流水线下来开始，装入集装箱，由陆上运输到港口集中，通过海运后上岸，再经其他运输形式，最后到达用户手中的一条龙组织的全部运输过程。而海铁联运主要通过海运和铁路运输两种方式的结合，实现货物的多式联运，海铁联运在欧美等发达国家是一种非常重要的货物运输形式。发展海铁联运能够提高深圳和成都之间货物的运输效率，是运输技术的进步，因此双方都有积极性来发展海铁联运。具体来看，对于深圳而言，通过海铁联运，可以降低成都货物到达深圳港口的时间和成本，从而增加深圳港对成都货物的吸引力。这给深圳市带来以下一些利益：首先，货物吞吐量的增加使深圳港得到更多的利润；其次，货物吞吐规模扩大，有利于深圳港提升等级；最后，强化了深圳与成都两市的经贸联系。对于成都而言，海铁联运的意义在于：首先，海铁联运降低了货物的运输成本，增强了产品竞争力；其次，成都等于拥有了自己的出海口，打通了国际贸易的门户，架构了通往国际市场的快速通道；最后，海铁联运有利于资本向成都转移，促进西部开发。2003年11月，深圳、成都两市开始讨论联手建立海铁联运通道。2004年1月31日，深蓉（成都）两市海铁联运第二次联席会议在成都国际会展中心召开，敲定合作方案，包括两市海关联手制定了《关于支持深蓉两市海铁联运业务的框架方案》。两市政府一致同意共同争取铁路部门的支持，尽快开通深蓉铁路货运"五定"班列，使之成为四川省进出口物资和珠江三角洲入川物资的快速通道。2004年4月20日，深蓉海铁联运铁路货运首发

[①] 周瑰容：《深圳成都建立海铁联运大通道〈深蓉海铁联运合作协议〉签订》，《深圳特区报》2004年2月2日。

列车驶出成都东站，于4天后到达深圳市。海铁联运开通后，成都至深圳的货运列车运行时间由原来的11天缩短到4天。对于深蓉海铁联运的货物，两地海关实行两地一线的直通式监管模式，货物到站后，只要符合数据完整、单证齐全、封志完好等条件，一般情况下，海关不再对货物进行检查，比传统通关模式节省一倍的通关时间。货主可以直接在成都海关办理报关手续，实现一次通关，当地退税结汇。企业的通关成本明显降低。

二 国际经验

（一）德国都市圈协调经验[①]

德国的经验可以分别从国家层面和地区层面来考察。首先，从国家层面来讲，德国坚持发掘和强化各个都市地区的独特优势，在经济目标外，格外重视社会公平与生态环境等问题。国家架构了都市圈发展的多重目标体系——社会保障、地区公平、生态环境、基础设施、人口融合等诸多目标都是大都市地区相关规划及区际经济利益协调中至关重要的内容。国家为地区设定的多重目标成为日后地区政府区际关系沟通与协调的总基调和前提条件，地区政府摆脱了单一的经济目标，建立了行之有效的健康的区域协调机制。其次，从地区的角度来讲，德国的地区政府组建了正式的区域联盟或区域规划机构来协调区际经济利益。从城市地区尺度上考量，斯图加特、汉诺威、柏林-勃兰登堡和莱茵鲁尔四个都市地区都建立了正式的区域联盟或区域规划机构来缓解城市间矛盾、解决区际问题和促进地区的整体协调发展。

---

① 唐燕：《德国大都市地区的区域治理与协作》，中国建筑工业出版社，2011，第120~131页。

这些由政府主导、获得法律法规或上级政府认同的正式区域机构，在协调和维护地区健康发展方面具有较强的行政话语力和实践执行能力，是传统区域主义倡导的区域治理模式在现实中的应用。区域联盟或区域规划机构的组建表明都市地区在一定程度上实现了区域治理的制度化建设，一部分稳定、规范的区域协调机制得以推行。

在斯图加特和汉诺威地区，管辖整个地区的多目标区域联盟早在20世纪六七十年代就开始组建，并几经变革和重组。拥有独立自治权的地方政府是区域联盟的重要组织成员，它们借助区域联盟搭建的交流平台来集体决策地区发展的共同事务。区域联盟的主要任务是基于可持续发展原则制定区域发展战略，指导和协调区域项目及区域行动，同时提供联络、交通、商业、社会、休闲等方面的公共服务，以提升区域竞争力和培育区域特性。斯图加特区域联盟 VRS 的核心工作聚焦在公共交通领域，汉诺威区域联盟 HR 则通过分担地方本该承担的社会责任来调动成员参与的积极性。这两个联盟均拥有制定法定区域规划的政治权力，并配合设有区域议会等专门性决策机构。斯图加特和汉诺威地区的区域议会由公民直接选举产生，由此形成了德国独具特色的区域组织模式，区域联盟也因此获得了更加广泛的社会认同、更高的法律地位和更强大的事务性权力。在汉诺威地区，联盟还通过将原来 3 层级的行政管理模式精简为 2 层级，从而搭建起更加高效的公共管理体系。

（二）美国都市圈协调经验

20 世纪 60 年代以来，美国先后制定了一系列法案，如《地区再开发法案》《人力发展与训练法案》《公共工程与经济开发法案》及《阿巴拉契亚区域开发法案》等，有效地协调了落后地区与发达地区的区域援助及共同开发项目。美国先后成立了地区再开发署、经济开发署及区域管委会等专门机构，负责规划和协调落后地区的开发工作。地区再开发署负责管理和协调范围较小的再开发区，一般以县为单位，个别也有包括几个县的。地区开发署负责管理和协调规模较大的开发专区，一般由数县或几个州组成。区域管委会负责管理和协调经济再开发区域，再开发区域一般包括数州。如阿巴拉契亚就是这样一个再开发区域，该区域共包括13个州，拥有全国近1/10的人口。[①]

在区域规划方面，国内相关文献在介绍美国大都市区区际经济利益协调时主要关注区域规划协会（RPA）及其迄今为止编制的三次区域规划，而缺乏对真正发挥实质性协调作用MPO的关注。作为非政府组织，RPA所编制的区域规划缺乏相应的实施机制，对区域协调所发挥的作用是很有限的；相反，作为政府联合机构之一的都市圈规划组织MPO（Metropolitan Planning Organizations），由于其成员来自所在区域多个地方政府的各相关部门，其行使的职责权利具备相关法规的保障和资金来源基础，可对区域协调产生更为实质性的作用。从美国的区域协调发展看，基础设施，特别是区域性跨界交通基础设施（区际交通基础设施）的投资建设管理是政府发挥区际经济利益协调作用的重要手段。通过立法的形式将相关的行为法律化和制度化，并通过组建MPO，将来自不同部门、分属不同地区的政府官员组织起来，共同协调交通规划和交通基础设施投资计划的编制，并赋予这些机构在区域交通规划和交通基金申请中一定的职权和义务，使之与州政府之间在交通规划和基础设施建设中形成互相协调、互相制约与反馈的机制。同时，以法案的方式扩大交通规划和基础设施投资计划所需要涉及的领域，将环境改善、经济发展和社会公平等方面纳入交通规划和投资计划必须整合的内容，从而使基金在使用过程中充

---

① 易志坤、林繁：《美德两国促进区域协调发展政策》，《价格月刊》2003年第1期，第37~38页。

分发挥区域协调作用。具体而言，美国大都市区规划协调的主要政策工具主要包括：（1）联邦立法的法律手段；（2）资金划拨、投资与税收等经济手段；（3）教育指导、提供技术支持与信息交流平台等辅助手段。在MPO组织交通规划和申请交通基金的过程中，美国政府主要通过法制建设和交通基金划拨两个方面实现区域的协调发展。从上面对MPO的分析不难看出，美国都市圈规划组织（MPO）在美国分权化体制下的区域协调中的作用。首先，通过区际基础设施投资引导区域协调的思路，使得MPO具备了较强的协调能力，使得政府能在区域协调上有所作为。政府通过对公共设施和公共服务的投资来促进市场协调。其次，MPO的成员来自不同利益、不同地区的群体，MPO提供一个平台使得各方利益相关的群体能够为了共同的目标——申请投资而协商，这样能够达到区域共赢的效果，而各方会为了共同目标而妥协，最后达成一致，在利益的驱动下，区域协调可以获得实质进展。[1]

（三）韩国和日本的区际经济利益协调经验

韩国政府按照《首都地区管理法》设立了跨辖区的超级机构——"首都地区管理委员会"，委员会对韩国首都圈范围内各行政边界申请新项目拥有最终审查决定权。该委员会成员包括首尔特别市市长、仁川广域市市长和京畿道知事，由国务总理任委员长，财政部部长和建设交通部部长任副委员长，同时还由相关部委长官任委员，体现了中央政府对该区域发展的重视，也保证了各项规划措施的落

---

[1] 周素红、陈慧玮：《美国大都市区规划组织的区域协调机制及其对中国的启示》，《国际城市规划》2008年第6期，第93~98页。
Elisabeth R. Gerber and Clark C. Gibson, Balancing Regionalism and Localism: How Institutions and Incentives Shape AmericanTransportation Policy [J], American Journal of Political Science, 2009, 53 (3): 633 - 648.

实。在日本，东京都市圈和其他两个大都市圈（中部圈和近畿圈）的规划和建设是由国土综合开发厅下属的大都市圈整备局负责。大都市圈整备局实质上是推行东京都市圈和另外两个大都市圈建设的政府执行机构，除负责编制大都市圈发展规划外，还负责协调与土地局、调整局等局的关系。另外，在国土审议会还特别成立了三大都市圈整备特别委员会，其成员由都市圈内的各地方政府领导人，如县知事、市长、企业领导人、大学教授组成，同时成立规划部，由大学教授和企业负责。[①]

三 国内外经验借鉴与比较

台基两市之所以能够成功协调，实现合作，关键在于两点：第一，合同契约。台北市市政府与基隆市市政府签署了《区域间都市垃圾处理紧急互助协议书》（以下简称协议书），其中第十四条规定："本协议为行政程序法所定之行政契约，如有未尽事宜，依行政程序法的规定。"由此可见，此协议书为合同契约，并通过了议会审议，具备法律效力。第二，监督有力。协议书中规定由行政院环境保护署挑选三名专家组成监督组，针对协议书约定的试烧、检测作业、检测结果、代处理作业、代处理量是否符合协议进行监督。监督组采取合议制，原则上每三个月开会一次，必要时可以召开临时会议。会议由环保署确定署内人员一人担任执行秘书，两市政府各确定一人担任副执行秘书负责协调。此外协议书还明确规定了处罚条款："甲乙双方若有未执行本协议书之情形时，均同意由行政院环境保护署在不违反法律规定之范围内，得于违约事由排除前停止对违约一方支付中央环保补助款，以为违约处罚。"此违约条款，有力地保证了合作顺利进行。

---

① 文魁、祝尔娟：《京津冀发展报告（2013）》，社会科学文献出版社，2013，第66~71页。

深圳市与成都市海铁联运属于产业的区际协调。这个案例成功的经验有两点：第一，两市联席会议成为敲定合作模式的重要协调形式。第二，两市在共同需求的前提下，齐心合力争取铁道部及海关总署的支持，成功协调了地方与中央的关系及利益。

德国都市圈协调经验表明：第一，国家要为都市圈设定多层次目标体系，包括：经济指标、社会保障、生态环境、基础设施等，作为都市圈协调的前提和总基调；第二，都市圈内部以区域联盟的形式进行日常议事和决策，区域联盟由地方政府组成，最高权力机关是区域议会，区域联盟是一个切实掌握实权的区际协调与管理机构。

美国、韩国、日本在都市圈经济利益协调中不仅像德国那样设立了跨区域的超级协调机构，而且还有完备、详尽的区域规划，并积极推进区域立法，通过法案形式，促进区域的实质性协调，上述各国经验对我国的区际协调具有一定的借鉴意义。

第三章　京津冀协同发展机制的理论基础与顶层设计

一　引致区际经济利益非均衡的直接原因与根本原因

（一）引致区际经济利益非均衡的直接原因

引致区际经济利益非均衡的直接原因是区域经济一体化的内在要求同行政边界刚性约束的矛盾。行政区划边界的本质即割据性，对区际间的内在经济联系产生了刚性约束。它如同一堵"看不见的墙"，严重阻碍了区际间的要素流动，制约区域经济一体化进程，使地方政府的利益固化。由于行政边界刚性约束的羁绊，区际经济利益的博弈主体是地方政府。地方政府会选择自身利益最大化的行为，而这种策略行为出于"一亩三分地"的思维定式，往往会导致社会整体的无效率，竞争的结果是非均衡的。另外，由于行政边界的刚性约束形成了现行"分灶吃饭"的财政制度。这种制度也制约了区域协同发展。在现行的行政区划体制下，地方政府必然要更多地考虑自身的产业发展、财政收入、人口就业、公共服务以及基础设施建设等，在资源和机会有限的情况下，往往竞争多于合作，难以形成合力，形成"诸侯经济"。所以造成区际经济利益非均衡的直接原因是区域经济一体化的内在要求同行政边界刚性约束的矛盾。

（二）引致区际经济利益非均衡的根本原因

引致区际经济利益非均衡的根本原因是地方政府的有限理性和市场的不完全性。

著名的"囚徒困境"博弈模型，说明了一个深刻的问题，这就是个人理性是有限理性，无法达到帕累托最优状态。地方政府作为区际经济利益的博弈主体同样也是有限理性的。刘黎明（2002）通过证明存在正外部性的区际公共物品在全社会范围内供给不足也说明了地方政府的"免费搭车"行为和有限理性。

本章通过京冀生态环境保护博弈模型证明上述论断。设北京 B 提供的环境保护公共物品数量为 s_b（包括污水处理厂、垃圾处理厂等），生产的私人产品数量为 x_b；河北 H 提供的环境保护公共物品数量 s_h（包括污水处理厂、垃圾处理厂等），生产的私人产品数量为 x_h。北京的效用函数为 $U_b(x_b, s_b) = A x_b^\alpha s_b^\beta$，河北的效用函数为 $U_h(x_h, s_h) = A x_h^\alpha s_h^\beta$，且 $\frac{du}{dx} > 0$，$\frac{du}{ds} > 0$，C 为单位公共物品成本，P 为单位私人产品价格，R_b、R_h 分别为北京、河北的总预算收入，α 为私人产品对区域效用的弹性系数，β 为公共物品（这里特指环境保护设施）对区域效用的弹性系数，$\alpha + \beta = 1$ 代表规模收益不变，则北京、河北的最大化效用方程为：

$$\begin{cases} \text{Max} U_b(x_b, s_b) \\ \text{S.t. } Px_b + Cs_b = R_b \end{cases} \quad \begin{cases} \text{Max} U_h(x_h, s_h) \\ \text{S.t. } Px_h + Cs_h = R_h \end{cases} \tag{3.1}$$

分别构建拉格朗日方程：$L_b = \text{Max} U_b(x_b, s_b) + \lambda(Px_b + Cs_b - R_b)$

$$L_h = \text{Max} U_h(x_h, s_h) + \lambda(Px_h + Cs_h - R_h) \tag{3.2}$$

求解最优化一阶条件，得：

$$\begin{cases} \dfrac{du}{ds} + \lambda C = 0 & (3.3) \\ \dfrac{du}{dx} + \lambda P = 0 & (3.4) \end{cases}$$

式3.3除以式3.4，得：

$$\frac{\dfrac{dU}{ds}}{\dfrac{dU}{dx}} = \frac{c}{p} \qquad (3.5)$$

由式3.5 和 $U_b(x_b, s_b) = Ax_b^\alpha s_b^\beta$，$U_h(x_h, s_h) = Ax_h^\alpha s_h^\beta$，计算得到：

$$\begin{cases} \dfrac{\beta x_b}{\alpha s_b} = \dfrac{c}{p} \\ \dfrac{\beta x_h}{\alpha s_h} = = \dfrac{c}{p} \end{cases} \qquad (3.6)$$

$$aSC = p\beta x_b \qquad (3.7)$$

命题1：北京向整个京冀地区提供环境保护公共物品，即不仅在本市内提供，还提供区际环境保护公共物品（例如：在官厅水库的上游修建污水处理厂等），则：

$$\alpha(S_f + S_h)C = P\beta x_b \qquad (3.8)$$

将式3.1代入式3.8，得：

$$S_f = \frac{\beta}{(\alpha+\beta)c} \times R_b - \frac{\alpha}{\alpha+\beta}s_h \qquad (3.9)$$

命题2：北京仅向北京本区域内提供环境保护公共物品，即不提供区际环境保护公共物品，则：

$$aS_f C = p\beta x_b \qquad (3.10)$$

将式 3.1 代入式 3.10，得：

$$S_f^* = \frac{\beta}{(\alpha+\beta)c} \times R_b \qquad (3.11)$$

很显然 $S_f^* > S_f$，即如果北京仅向本市提供环境保护公共物品，它提供的公共物品数量多于北京向整个京冀地区提供环境保护公共物品的数量；换言之，北京提供区际环境保护公共物品的意愿不足，从而证明地方政府的有限理性。

既然地方政府作为区际经济利益的博弈主体是有限理性，那么在区际经济利益博弈中，如果不存在区际协调，就有可能无法达到利益均衡，从而存在帕累托改进的可能。地方政府的有限理性是区际经济利益非均衡的根本原因之一。

另外，市场的不完全性同样是引致区际经济利益非均衡的根本原因之一。Hardin（1968）提出了著名的公共地悲剧模型（Tragedy of the commons），即如果一种资源没有明确的产权，就会导致这种资源的过度使用，用以证明市场的不完全性。Krugman（1993）基于垄断竞争、规模收益递增和"冰山"运输成本三个前提条件，证明了城市群形成的前期，市场邻近效应大于生活成本效用产生向心集聚力，这是一种市场自发且内生的力量，并且随着这种力量的不断循环累积，最终造成了"核心—边缘"的空间结构。市场的不完全性会产生区位黏性和路径依赖，进一步稳定这种结构，会阻碍区域协同发展，同时会引起恶性竞争、贫富分化、生态恶化等问题。

综上所述，地方政府的有限理性与市场的不完全性是引致区际经济利益非均衡的根本原因。基于上述原因，本书在研究区际协调时应优先考虑均衡理论。

二 协调机制的理论基础——区际纳什均衡

均衡与非均衡是贯穿区域经济发展的矛盾统一体（陈秀山、石碧华，2000）。导致区际经济利益非均衡的直接原因是区域经济一体化的内在要求同行政边界刚性约束的矛盾，根本原因是地方政府有限理性和市场的不完全性，所以要进行区际经济利益协调，首先要突破地方政府行政边界刚性约束的羁绊，克服地方政府有限理性，弥补市场的不完全性，而区际纳什均衡是打破行政边界刚性约束羁绊，突破地方政府利益固化藩篱的理论基础。

（一）京津冀协同发展机制的定义

区际经济利益是指特定区域从其他区域或国家获得的排他性收益，属于社会福利再分配范畴；是生产要素不完全流动性，市场不完全竞争性，地方政府不完全理性所表现出的空间优势。区际经济利益具体表现为产业区际转移税收分享、区际基础设施共建成本分摊、区际生态补偿等。

京津冀协同发展机制是以专门联合委员会制度为协调形式的一种区际经济利益让渡与分配的长效机制，是解决区际经济利益争端的规则，是地方政府间的合同，是一类利益分配函数，是一个区际经济利益再分配的过程，在此过程中，区际经济利益协调权威机构被国家授权对各个利益主体的立场进行仲裁，并作出对各方在执行过程中具有法律约束力的量化决定。区际经济利益协调属于社会福利再分配范畴，所以区际经济利益均衡也是区际利益再分配均衡。

（二）区际协调的理论基础——区际纳什均衡

本书将多用于微观主体（经济人）的纳什均衡演化为适用于中观主体（地方政府）的区际纳什均衡。区际利益协调是一场博弈。博弈的主体是地方政府。基于地方政府行为的视角，区际利益协调可能存在两种均衡，即占优均衡和纳什均衡。占优均衡使用占优策略。占优策略,是指在利益博弈中,无论对手选择何种策略,利益博弈主体选择某一策略均比其他策略的效用要大。如果每个博弈主体都有一个占优策略,那么这个博弈就存在明显的唯一的均衡,这个均衡就是占优均衡。是否在每次区际利益冲突时都必然存在一个占优均衡,使每个区域利益博弈主体都永远立于"不败之地"呢?答案是否定的。区际利益博弈是策略依存的。京津冀协同发展机制不需要每个利益博弈主体所采取的策略在任何情况下均是最优的,只要博弈主体的策略是针对对手采取策略基础上的最优策略即可。证明如下(见图3－1)。

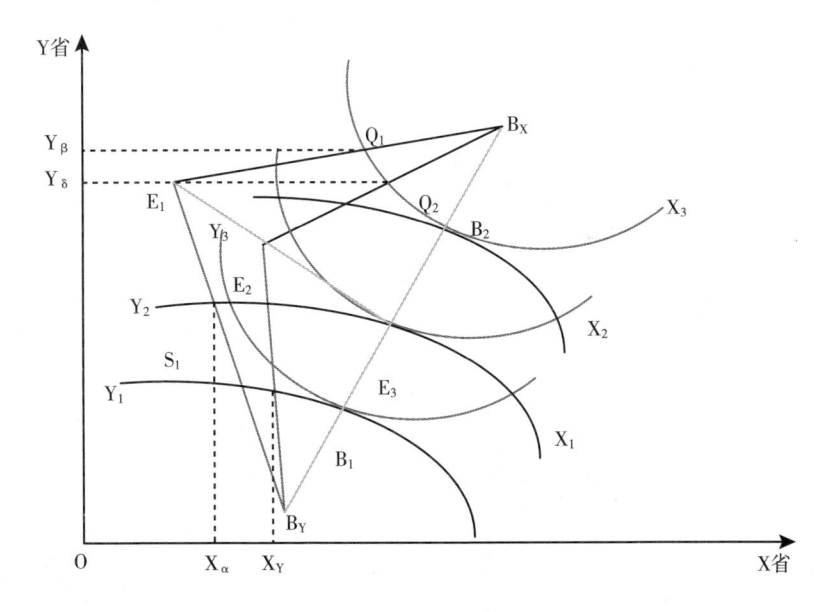

图3－1 区际纳什均衡

假设一国仅存在2个区域,即 X 省和 Y 省。X_1、X_2、X_3 分别代表 X 省的3条无差异曲线,离原点越远表示本省经济利益越大;同理 Y_1、Y_2、Y_3 代表 Y 省的3条无差异曲线。X 省与 Y 省的无差异曲线分别相切于 B_1、B_2 点,则依据帕累托最优状态的定义,B_1、B_2 两

点的连线 $B_Y B_X$ 为区际协调的"帕累托最优曲线"。在这条线上的均衡点达到了区际帕累托最优状态[①]。无论是 X 省还是 Y 省，都希望区际经济利益协调均衡点可以落在该线上。当 X 省采取区域政策 X_α 时（例如地方保护、横向分税、财政横向转移支付等），Y 省看见 X 省的政策后会产生一条"反应曲线"，并依据"反应曲线"采取相应对策。这条"反应曲线"是 X_α 与无差异曲线 Y_2 的交点 S_1 与 B_Y 的连线 $S_1 B_Y$。之所以是 S_1 点，是因为 Y 省在选择"对应曲线"时一定会经过自己的无差异曲线，尽可能地使自己本省利益最大化。同理，当 Y 省采取区域政策 Y_β 时，X 省的"对应曲线"是 $B_X Q_1$。两条"反应曲线" $S_1 B_Y$ 与 $B_X Q_1$ 相交于 E_1 点。点 E_1 就是 X 省与 Y 省区际经济利益协调的纳什均衡点。

当 X 省扩张了区域政策，即政策曲线由 X_α 右移到 X_γ，由于区际经济利益协调是国家经济利益的二次分配，"蛋糕"是一定的，所以 Y 省的区域政策由 Y_β 收缩到 Y_δ，体现了 Y 省对 X 省的一种让渡，则两省"对应曲线" $S_2 B_Y$ 与 $B_X Q_2$ 相交于 E_2 点，那么点 E_2 就是区域政策发生变化后的区际纳什均衡点。连 $E_1 E_2$ 点，接曲线 $E_1 E_2$ 就是 X 省与 Y 省区际经济利益协调的"纳什均衡线"。纳什均衡线 $E_1 E_2$ 与帕累托最优曲线 $B_Y B_X$ 相交于 E_3 点，E_3 点既是区际纳什均衡点，也是帕累托最优点，因为 E_3 点处在帕累托最优曲线 $B_Y B_X$ 上。所以，区际纳什均衡是可以达到帕累托最优状态的；区际纳什均衡是各区域之间相互让渡利益的结果。

接下来，本书继续研究何种情况下，区际纳什均衡点等于帕累托最优点。

上述分析已经得出 E_3 点既是区际纳什均衡点又是帕累托最优点；

[①] 区际帕累托最优状态是指这样一种状态：在一个经济体中，资源的任何一种重新配置，已经不可能在其他省的福利不减少的情况下使任何一个省的福利水平提高的状态。

而 E_3 点也是 X 省与 Y 省的两条"反应曲线"E_3B_X 与 E_3B_Y 的交点；在 E_3 点上两省"反应曲线"的斜率是相同的；换言之，表明在该点两省采取区域政策的动机是一致的，两省为了共同目的采取了协调一致的策略行为；由此得出以下结论：区域考核指标一体化是区际纳什均衡达到帕累托最优状态的前提条件；当且仅当区域考核指标一体化时，区际纳什均衡达到帕累托最优状态。

综上分析，区际纳什均衡是京津冀协同发展机制突破行政边界羁绊的理论基础。区际纳什均衡是指区际利益分配中每个博弈主体都不能也不想单方面改变自己的策略而增加收益；每个博弈主体所选策略均是对其他博弈对手所选策略的最佳利益分配。换言之，要想突破行政边界刚性约束的羁绊，冲破地方政府利益固化的藩篱，在不完全竞争市场中实现区际利益协调，就要找到区际纳什均衡点。区际纳什均衡是一个"对大家都好的"多赢策略。

京津冀区域协同发展的首要任务是通过建立京津冀协同发展机制，使京津冀地区经济活动运行在区际纳什均衡线上。政府在制定区域发展规划的过程中也要以区际纳什均衡作为参考依据。接下来，本书将对京津冀协同发展机制的顶层设计进行分析并试图通过五个分机制的共同作用达到区际纳什均衡。

三　京津冀协同发展机制的顶层设计及五类分机制

（一）顶层设计与路径选择

陈斐、陈秀山（2007）提出了包含市场机制、合作机制、互助机制和扶持机制四大分机制的区域协调机制。José Luís Crespo 和 João Cabral（2010）认为都市圈协调机制要建立在各方共同利益诉求之上，它包含各方利益的交换程序、争端解决机制和一个循序渐进地落实公共决议的过程。本书认为，京津冀协同发展机制的顶层设计主要包括五个分机制：协商机制、仲裁机制、分享机制、分摊机制和补偿机制。协商机制属于横向机制；仲裁机制属于纵向机制；分享机制针对竞争性产品设计；分摊机制针对半竞争半公共性产品设计；补偿机制针对公共性产品设计。

既然经济的空间溢出效应要求突破行政边界刚性约束的羁绊，那么就需要地方政府通过市长联席会议进行跨界横向协调，即协商机制；由于地方政府的有限理性和市场的不完全性，地方政府自发式的协调不一定能达到区际纳什均衡，这就需要中央政府设立权威仲裁机构进行纵向协调，即仲裁机制。京津冀协同发展机制的路径选择是纵横结合。从机制对应的协调内容进行设计，协商机制对应的具体内容是市长联席会议制；仲裁机制对应的主要内容是国家区域管理和协调委员会的设立；分享机制对应的主要内容是基于产业区际转移的横向分税制；分摊机制对应的主要内容是基于区际基础设施共建的横向成本分摊制；补偿机制对应的主要内容是基于生态联防联控中的财政横向转移支付制度。从机制针对的产品性质进行设计，横向分税制针对纯竞争性产品；横向成本分摊制针对半竞争性半公共性产品；横向财政转移支付制针对纯公共物品（见图3-2）。

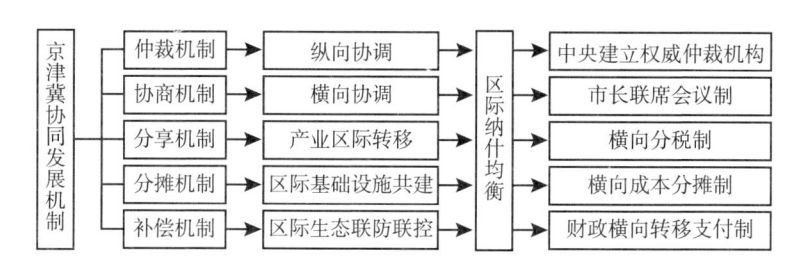

图3-2 京津冀协同发展机制五个分机制

（二）分机制的地位与作用

五个分机制中，协商机制、仲裁机制体现协调的形式和程序，而分享机制、分摊机制和补偿机制则体现协调的具体内容。分享机制是针对竞争性产品而言；分摊机制是针对半竞争性半公共性产品而言；补偿机制是针对纯公共物品而言。协商机制属于横向协调，保证了协调的效率；仲裁机制属于纵向协调，保证了协调的公平。五个分机制共同作用发挥合力，才能突破行政边界羁绊，促进京津冀区域协同发展。分享机制适用于产业区际转移时的税收分享，本书使用合作博弈中的夏普利值设计分享机制模型并通过空间误差模型（SEM）测算京津冀各区域对产业产出的边际贡献率，以此贡献率为比例进行税收分成，以达成横向分税，实现区际纳什均衡；分摊机制适用于区际（跨界）基础设施共建的成本分摊，在区际政府间完全信息透明以及存在中央政府约束的情况下，本书通过构建拉格朗日方程，找到策略型博弈中的区际纳什均衡点并使用地理加权模型（GWR）测算京津冀各区域基础设施外部性弹性系数，以此系数为比例进行横向成本分摊，实现区际纳什均衡；补偿机制适用于区际生态联防联控中的财政横向转移支付，承德、张家口作为北京的生态屏障和上游水源地受北京的委托进行环境保护，限制高耗能高污染行业的发展，北京作为委托人，河北作为代理人，本书使用"委托 - 代理"模型设计补偿机制，通过最优化模型实现区际纳什均衡。

（三）京津冀协同发展机制目标

1. 国际协调目标借鉴

1940年，"巴洛报告"（Barlow Report）提出了区域协调的三个理由，被认为是全球最早试图明确说明区域协调目标的研究之一。这三个理由为：（1）减少某些严重萧条地区的长期失业；（2）使工业的地理布局更加平衡；（3）从国防的角度考虑，工业布局不可过于集中。1977年，欧共体委员会在《区域发展纲要》(Regional Programme)中对这一目标作了清楚的阐述："区域政策的基本目标是，通过保证受援地区现有就业并创造新的就业机会，使受援地区的劳动力供给与需求更趋平衡。"Hoover（1999）曾指出区域政策的最终目标是增进个人福利、机会、平等和社会和谐，因而区域政策应该有助于提高人均收入水平，实现充分就业，为个人提供多样性工作和生活方式选择，保障收入与避免收入差异程度过大。

2. 京津冀协同发展机制的目标

京津冀协同发展机制的目标是缩小区际差距，实现区域经济一体化发展，加速区域发展规划的落实。这里的区际差距包括区际收入差距、就业差距、社会保障差距、诱发科技创新能力差距和城乡发展失衡。

四 京津冀区际经济利益协调历史沿革与现状

早在20世纪90年代中期以前，京津冀内的区域合作机制就已经初步建立，例如华北经济协作区和环京经济协作区，但这种合作机制是在计划经济时代下形成的，由于未能真正突破行政边界羁绊，这些体制机制的运行可谓是走走停停，并未取得理想的效果。在20世纪90年代后期，由于经济社会及生态环境一体化建设的需要，京津冀内部区域协作的步伐逐渐加快。2004年2月，国家发展和改革委员会地区经济司召开北京、天津、河北三地发展研讨会，并达成了"廊坊共识"。2004年6月，国家发展和改革委员会以及商务部联合北京、天津、河北、山西、内蒙古、山东及辽宁七省区市召开环渤海合作机制问题会议，并达成《环渤海区域合作框架协议》，此次会议商定建立环渤海合作机制，确定这个合作机制名称为环渤海区域经济合作联席会议，以进一步推动京津冀及外围省市间的合作联动机制的建立。"廊坊共识"的达成与《环渤海区域合作框架协议》的签署是目前京津冀区域协作最为重要的标志性事件，也是迄今为止取得的最为重要的合作成果。当然，在上述两大协议拟定之后，京津冀地区又达成多项协议，分别包括2005年6月的《京津冀人才开发一体化合作协议书》，2005年6月的《京津城市流通领域合作框架协议》，2006年12月的《京津冀人才交流合作协议书》，2006年12月的《京津冀人事代理、人才派遣合作协议书》，2006年12月的《京津冀人才网站合作协议书》，2007年1月的《京津冀三省市综治委"护城河工程"协议书》，2007年2月的《河北省秦皇岛市北戴河区与北京CBD战略合作协议》，2007年4月的《京津冀旅游合作协议》，2007年8月的《京津冀三地打击非法传销执法协作协议》，2007年8月的《天津－唐山经济合作协议》，2007年12月的《京津冀物流合作协议》，2008年5月的《京津冀检务合作协议》，2009年5月的《关于建立两市一省城乡规划协调机制框架协议》，2009年6月的《共同建筑市场合作协议》，2010年6月的《教育区域合作发展框架协议》，2013年4月的《北京市天津市关于加强经济与社会发展合作协议》，2013年5月的《北京市—河北省2013至2015年合作框架协议》、《天津市河北省深化经济与社会发展合作框架协议》。2013年9月18日，国务院副总理张高丽出席在北京召开的京津冀及周边地区大气污染防治工作会议，对北京、天津、河北、山西、内蒙古、山东六个省区市加快推进大气污染综合治理工作进行动员和部署。环境保护部牵头制定了《大气污染防治行动计划》，有关部门发布了京津冀及周边地区的实施细则。环境保护部与六个省（自治区、直辖市）人民政府在会上签订了大气污染防治目标责任书。表3-1列举了包含京津冀在内的中国三大都市圈现行的协调机制形式。

表3-1　中国三大都市圈协调机制形式比较

都市圈	协调机制形式	协调内容
长江三角洲	1. 三省市主要领导定期磋商机制	从2004年开始,三省市主要领导每年定期召开会议,着重磋商事关区域发展的重大战略问题,研究确定区域合作的总体要求和重点事项
长江三角洲	2. 两省一市以副省(市)长级别的"沪苏浙经济合作与发展座谈会"高层会晤机制	大交通体系建设、区际生态环境治理,共同推进自主创新、区域能源大平台建设、区域诚信体系建设、区域旅游合作以及区域人力资源合作
长江三角洲	3. 长江三角洲16城市经济协调会	从2004年起每年举行一次会议,主要任务是贯彻落实"沪苏浙经济合作与发展座谈会"精神,推进城市间合作,协调城市间的实际问题。目前,该协调会设有规划、交通、能源、信息、旅游、生态环境、人力资源、自主创新等10多个专题合作组
长江三角洲	4. 三省市有关职能部门沟通协商机制	在具体部门沟通方面,三方人事部门建立了"长三角人才开发一体化联席会议制度",环保部门建立了"污染联防、信息沟通和通报机制",交通部门建立了"长三角地区道路货运一体化工作联席会议制度"等
珠江三角洲	1. 行政首长联席会议制度	由内地省长、自治区主席和港澳特别行政区行政长官组成,每年举行一次会议,研究决定区域合作重大事宜,协调推进区域合作。主要职责:研究区域合作规划;研究解决区域合作中需要协调的重大问题;审议、决定区域合作的重要文件;根据秘书长协调会议提出的建议,研究决定下一届论坛和洽谈会的承办方
珠江三角洲	2. 行政首长联席会议秘书处	设于行政首长联席会议之下。设秘书长1名,常务副秘书长2名。主要职责:执行行政首长联席会议的决定和交办事项;负责秘书长协调制度的运作和相关事项的落实;协调两大论坛的筹备工作;指导、协调各成员方日常工作办公室、部门衔接落实制度的运作;提出编制区域合作规划工作方案、思路,研究提出推进区域合作的措施意见;跟进并协调区域合作项目的进展,提出行政首长联席会议研究的重大区域合作问题等

续表

都市圈	协调机制形式	协调内容
珠江三角洲	3. 政府秘书长协调制度	由九省（区）政府秘书长或副秘书长，香港、澳门特别行政区政府相应官员组成。主要职责：负责协调"9+2"之间有关需要政府协调的具体合作事宜；负责协调本方参与"9+2"论坛与经贸洽谈会需要政府协调的具体工作事项；指导政府各有关部门衔接落实推进合作的具体项目及其他有关工作，并进行检查督促等
珠江三角洲	4. 日常工作办公室工作制度	九省区的日常工作办公室设在发展改革委（厅），香港、澳门特别行政区政府确定相应的部门负责。主要职责：掌握本地区推进区域合作情况，研究提出加快推进区域合作发展的政策、措施及建议；编制本地区参与区域合作的发展战略、发展规划、工作方案；就推进区域合作问题及时向各方政府提出思路和对策以及其他工作建议等
珠江三角洲	5. 部门衔接落实制度	负责对政府行政首长联席会议决定的与本部门有关的事宜制定互相衔接的具体工作方案、合作协议、专题计划；组织本部门编制推进合作发展的专题规划，制定本部门参与区域合作的工作方案；组织实施本部门参与区域合作的战略、规划；协调本部门与其他部门及外地在区域合作中的有关事宜；各部门定期向各方的日常工作办公室反映合作事项的进展、工作建议和存在问题，必要时直接向政府秘书长、港澳特别行政区政府相应官员或行政首长反映有关情况；不定期召开合作区域内对口部门衔接协调会议，衔接落实有关合作事宜
京津冀	1. "廊坊共识"	1982年首次提出"首都经济圈"概念。2004年2月，国家发展和改革委员会地区经济司召开北京、天津、河北三地发展研讨会，并在会议上达成了"廊坊共识"，标志着京津冀协同发展合作机制由务虚进入了务实阶段
京津冀	2. 环渤海经济协作市长联席会议	2004年6月，国家发展和改革委员会以及商务部联合召开北京、天津、河北、山西、内蒙古、山东及辽宁七省区市环渤海合作机制问题会议，并在会议上达成《环渤海区域合作框架协议》，此次会议商定成立环渤海合作机制，确定这个合作机制名称为环渤海区域经济合作联席会议。此会议每两年举办一次，成员城市轮流举办，常设机构设在天津市经济协作办公室

续表

都市圈	协调机制形式	协调内容
京津冀	3. 京津冀战略合作框架协议	2013年4月的《北京市天津市关于加强经济与社会发展合作协议》,2013年5月的《北京市—河北省2013至2015年合作框架协议》、《天津市河北省深化经济与社会发展合作框架协议》。京津探索建立重污染天气的应急联动预案,构建北京与天津港东疆保税港区、南部港区快速运输通道,共建天津滨海-中关村科技园,将天津港合作打造成北京的便捷出海口,探索建立金融一体化综合改革试验区。京冀双方将共同推进北京新机场建设。将会同有关部门加快推进项目前期工作,开展勘测、环评、用地、洪评、水资源论证,加快新机场周边高压线改移、天堂河改移、征地拆迁工作。同时,积极配合国家发展改革委开展新机场配套综合交通方案研究,做好新机场道路交通规划研究与衔接,统筹谋划对接新机场的综合交通体系,共同做好新机场周边区域城乡规划协调。津冀将继续大力推进区域一体化进程。双方共同争取国家出台推进京津冀区域发展的规划和政策;合作编制涉及两地城市发展的区域性规划,推进津冀城市建设融合发展;支持天津东丽区与河北正定县、北戴河新区合作共建城乡统筹发展示范区,共同争取国家政策和资金支持。双方共同推进唐廊高速、京秦高速、滨(津)石高速和国道205等一批高等级公路对接路段,以及环渤海城际铁路、天津至承德铁路等项目的前期和建设工作。共同开展交通拥堵治理、联合治超等研究。津冀将一如既往深化港口物流合作,支持天津港集团与河北港口企业在航线开辟、经营管理等方面开展合作。津冀将合作提高水资源保障能力。争取国家有关部门建立国家及天津、河北三方水资源补偿机制和跨界断面水质联合监测机制,将津冀作为滦河流域跨界水环境生态补偿试点区域。津冀将继续推动产业转移升级。支持天津企业在河北环津地区建立天津产业转移园区,支持天铁集团调整结构、实施循环经济示范区项目建设和河北长城汽车、英利集团等企业在津发展,推进天津天士力集团在河北开展中医药领域的合作。津冀将继续加强科技研发合作。推进天津滨海新区与河北曹妃甸新区、渤海新区在战略性新兴产业领域的科技合作,提升区域创新能力,创建天津滨海新区-唐山-沧州高新技术产业带。

续表

都市圈	协调机制形式	协调内容
京津冀	4. 京津冀大气污染防治目标责任书以及召开6省市大气污染防治协调会议	2013年9月18日,国务院副总理张高丽出席在北京召开的京津冀及周边地区大气污染防治工作会议,对北京、天津、河北、山西、内蒙古、山东等六个省区市加快推进大气污染综合治理工作进行动员和部署。环境保护部牵头制定了《大气污染防治行动计划》,有关部门发布了京津冀及周边地区的实施细则。环境保护部与六个省(自治区、直辖市)人民政府在会上签订了大气污染防治目标责任书。2013年10月23日,北京、天津、河北、山东、山西、内蒙古六个省区市在京召开会议,就贯彻落实《大气污染防治行动计划》、2013年冬季大气污染防治工作措施和修订空气重污染应急方案进行协调部署。中共中央政治局委员、北京市委书记郭金龙主持会议,环境保护部部长周生贤、北京市市长王安顺、河北省省长张庆伟、国务院副秘书长丁向阳、国家发改委副主任解振华、住房和城乡建设部副部长仇保兴、中国气象局局长郑国光、国家能源局局长吴新雄出席会议
	5. 京津冀协同发展领导小组成立	2014年8月,国务院成立京津冀协同发展小组,国务院副总理张高丽任组长
	6. 京津冀协同发展税收工作领导小组成立	2014年7月15日,国家税务总局召开京津冀协同发展税收工作领导小组第一次全体会议,宣布"京津冀协同发展税收工作领导小组"正式成立,组长由税务总局副局长解学智担任
	7. 京津冀海关一体化	2014年7月1日,相关改革首先在北京海关和天津海关启动实施,10月份前扩大至石家庄海关,实现京津冀海关的全面推开

资料来源：陶希东：《跨界区域协调：内容、机制与政策研究》，《上海经济研究》2010年第1期，第58~64页。笔者进行了部分补充。

五　京津冀协同发展机制评价

（一）指标选取与方法说明

首位城市能否在其所处都市圈中发挥龙头作用，是评价都市圈协同发展机制效率的重要标志。本章通过对比京津冀、长三角、珠三角三大都市圈的首位城市——北京、上海、广州在所处都市圈发挥核心协调作用的程度来评价三大都市圈协同发展机制的效率。由于数据可得性的原因，本章挑选三大都市圈中部分代表城市，采用经济总体协调指标、产业协调指标、社会协调指标三个一级指标和经济区位优势指数、资源优势度指数、经济国际化程度指数、经济区域化程度指数、经济规模指数、经济增长指数、经济效率指数、城市竞争力指数、科技创新能力指数、经济结构转化速度指数、市场发育程度指数、政府审批与管制指数、产业层次指数、产业结构高级化程度指数、产业集聚程度指数、农林牧渔业区位商、规模以上工业区位商、建筑业区位商、收入水平指数、对外基本基础设施指数、社会交流指数、普通中学在校生数、卫生机构床位数、执业（助理）医师数等二十四个二级指标（见表 3-2、表 3-3、表 3-4）；其中，区位商表达式为：$Q_{ij} = \frac{y_{ij}}{y_j} / \frac{J_i}{J}$，$Q_{ij}$ 为 j 区域 i 产业区位商，y_{ij} 为 j 区域 i 产业总产值，y_j 为 j 区域地区生产总值，J_i 为全国 i 产业总产值，J 为全国生产总值，区位商大于 1，说明该产业在该区域具有专门化或集聚优势。[①] 周立群、夏良科（2010）利用层次分析法和标准差值法对京津冀、长三角和珠三角三大经济圈区域经济一体化程度进行了测度。[②] 本章通过因子分析的方法（Charles Spearman, 1904）达到降维的目的，分别对各个城市在其所处都市圈内的协调作用评分，并比较北京、上海、广州协调作用因子得分，评价它们在各自所处都市圈内发挥的核心协调作用。

因子分析模型形式如下：

[①] 陈秀山、张可云：《区域经济理论》，商务印书馆，2003，第 125 页。
[②] 周立群、夏良科：《区域经济一体化的测度与比较：来自京津冀、长三角和珠三角的证据》，《江海学刊》2010 年第 4 期，第 81~87 页。

（1）展开式
$$\begin{cases} X_1 = a_{11}F_1 + a_{12}F_2 + \cdots a_{1m}F_m + \varepsilon_1 \\ X_2 = a_{21}F_1 + a_{22}F_2 + \cdots a_{2m}F_m + \varepsilon_2 \\ \cdots\cdots\cdots\cdots\cdots\cdots\cdots\cdots\cdots\cdots\cdots \\ X_p = a_{p1}F_1 + a_{p2}F_2 + \cdots a_{pm}F_m + \varepsilon_p \end{cases}$$

（2）矩阵形式
$$\begin{bmatrix} X_1 \\ X_2 \\ \vdots \\ X_p \end{bmatrix} = \begin{bmatrix} a_{11} a_{12} \cdots a_{1m} \\ a_{21} a_{22} \cdots a_{2m} \\ \vdots \quad \vdots \quad \vdots \\ a_{p1} a_{p2} \cdots a_{pm} \end{bmatrix} \begin{bmatrix} F_1 \\ F_2 \\ \vdots \\ F_m \end{bmatrix} + \begin{bmatrix} \varepsilon_1 \\ \varepsilon_2 \\ \vdots \\ \varepsilon_p \end{bmatrix}$$

简记为：$X = A \times F + \varepsilon$ 且满足①$m \leq p$ ②$Cov(F, \varepsilon) = 0$ ③$D(F) =$

$$\begin{bmatrix} 1 & \cdots & 0 \\ \vdots & \ddots & \vdots \\ 0 & \cdots & 1 \end{bmatrix} = I_m$$ 不相关，即 $F_1 \cdots F_m$ 不相关，且方差 = 1 　　（3.12）

表3-2　京津冀协同发展机制评价

一级指标	二级指标	北京 s_1	天津 s_2	石家庄 s_3	唐山 s_4
经济总体协调指标	经济区位优势指数 x_1	0.939	0.419	0.165	0.167
	资源优势度指数 x_2	0.31	0.336	0.639	0.630
	经济国际化程度指数 x_3	0.467	0.283	0.050	0.056
	经济区域化程度指数 x_4	0.678	0.674	0.681	0.706
	经济规模指数 x_5	0.893	0.674	0.237	0.331
	经济增长指数 x_6	0.626	0.861	0.620	0.726
	经济效率指数 x_7	0.46	0.464	0.387	0.449
	城市竞争力指数 x_8	0.881	0.803	0.665	0.648
	科技创新能力指数 x_9	1.000	0.368	0.090	0.048
	经济结构转化速度指数 x_{10}	0.593	0.631	0.698	0.581
	市场发育程度指数 x_{11}	0.885	0.844	0.819	0.855
	政府审批与管制指数 x_{12}	0.740	0.726	0.628	0.661

续表

一级指标	二级指标	北京 s_1	天津 s_2	石家庄 s_3	唐山 s_4
产业协调指标	产业层次指数 x_{13}	1.000	0.498	0.542	0.318
	产业结构高级化程度指数 x_{14}	0.731	0.534	0.634	0.460
	产业集聚程度指数 x_{15}	0.796	0.628	0.451	0.627
	农林牧渔业区位商 x_{16}	0.128	0.168	1.008	0.805
	规模以上工业区位商 x_{17}	0.494	1.029	0.961	0.962
	建筑业区位商 x_{18}	1.483	1.017	0.221	0.172
社会协调指标	收入水平指数 x_{19}	0.378	0.288	0.171	0.191
	对外基本基础设施指数 x_{20}	0.565	0.373	0.037	0.183
	社会交流指数 x_{21}	0.779	0.610	0.577	0.608
	普通中学在校生数（人）x_{22}	732224	556242	478300	345800
	卫生机构床位数（张）x_{23}	100167	53509	44896	36702
	执业（助理）医师数（人）x_{24}	82192	30710	25448	17858

资料来源：①2013 年北京市、天津市统计年鉴，《河北经济年鉴（2013）》，其中全部指数数据来源于中国社会科学院城市与竞争力指数数据库。

②倪鹏飞等：《中国城市竞争力报告 No.9》，社会科学文献出版社，2011，第 336~377 页。

表 3-3　长三角京津冀协同发展机制评价

一级指标	二级指标	上海	南京	无锡	常州	苏州	南通
经济总体协调指标	经济区位优势指数	1	0.373	0.280	0.263	0.302	0.261
	资源优势度指数	0.298	0.443	0.408	0.430	0.449	0.600
	经济规模指数	1	0.485	0.404	0.331	0.424	0.245
	经济增长指数	0.621	0.726	0.734	0.749	0.753	0.791
	经济效率指数	0.606	0.382	0.545	0.478	0.528	0.421
	城市竞争力指数	0.892	0.749	0.762	0.715	0.768	0.676
	科技创新能力指数	0.955	0.193	0.186	0.164	0.561	0.194
	经济结构转化速度指数	0.642	0.620	0.706	0.608	0.509	0.686
	市场发育程度指数	0.889	0.652	0.871	0.917	0.946	0.882
	政府审批与管制指数	0.789	0.973	0.881	0.845	0.883	0.874
	经济国际化程度指数	0.693	0.223	0.243	0.160	0.598	0.211
	经济区域化程度指数	0.770	0.896	0.787	0.813	0.849	0.750

续表

一级指标	二级指标	上海	南京	无锡	常州	苏州	南通
产业协调指标	产业层次指数	0.735	0.519	0.450	0.377	0.478	0.353
	产业结构高级化程度指数	0.615	0.560	0.525	0.506	0.509	0.484
	产业集聚程度指数	0.949	0.880	0.697	0.638	0.877	0.792
	农林牧渔业区位商	0.092	0.255	0.171	0.342	0.162	0.001
	规模以上工业区位商	0.931	0.899	1.081	1.373	1.355	1.228
社会协调指标	收入水平指数	0.408	0.285	0.310	0.270	0.330	0.234
	对外基本基础设施指数	1	0.307	0.188	0.081	0.064	0.068
	社会交流指数	0.804	0.821	0.642	0.729	0.738	0.619
	普通中学在校生数（人）	734500	230700	210500	169100	261800	279600
	卫生机构床位数（张）	109612	37775	30453	20497	46070	31495
	执业（助理）医师数（人）	54218	19101	13092	10094	23194	14835

一级指标	二级指标	扬州	杭州	宁波	嘉兴	绍兴	台州
经济总体协调指标	经济区位优势指数	0.229	0.410	0.300	0.643	0.243	0.266
	资源优势度指数	0.820	0.386	0.419	0.875	0.817	0.536
	经济规模指数	0.202	0.502	0.388	0.144	0.128	0.187
	经济增长指数	0.793	0.685	0.643	0.666	0.611	0.599
	经济效率指数	0.439	0.489	0.504	0.320	0.363	0.316
	城市竞争力指数	0.678	0.781	0.745	0.619	0.630	0.627
	科技创新能力指数	0.109	0.294	0.263	0.100	0.195	0.184
	经济结构转化速度指数	0.803	0.664	0.673	0.785	0.702	0.683
	市场发育程度指数	0.888	0.911	0.912	0.949	0.958	0.937
	政府审批与管制指数	1	0.878	0.819	0.931	0.927	0.829
	经济国际化程度指数	0.152	0.195	0.299	0.456	0.445	0.113
	经济区域化程度指数	0.747	0.822	0.866	0.898	0.804	0.758

续表

一级指标	二级指标	扬州	杭州	宁波	嘉兴	绍兴	台州
产业协调指标	产业层次指数	0.365	0.592	0.478	0.409	0.518	0.422
	产业结构高级化程度指数	0.509	0.574	0.510	0.509	0.531	0.515
	产业集聚程度指数	0.813	1	0.813	0.778	0.881	0.933
	农林牧渔业区位商	0.725	0.284	0.368	0.506	0.440	0.691
	规模以上工业区位商	1.389	0.940	1.045	1.183	1.325	0.686
社会协调指标	收入水平指数	0.239	0.326	0.352	0.238	0.279	0.235
	对外基本基础设施指数	0.053	0.295	0.293	0.383	0.192	0.264
	社会交流指数	0.751	0.776	0.706	0.705	0.693	0.686
	普通中学在校生数（人）	197900	331400	295200	183400	258300	281100
	卫生机构床位数（张）	17704	44778	26311	16967	18501	17809
	执业（助理）医师数（人）	8818	27369	19055	8458	10638	12944

资料来源：①2013年上海市、浙江省、江苏省统计年鉴，其中全部指数数据来源于中国社会科学院城市与竞争力指数数据库。
②倪鹏飞等：《中国城市竞争力报告No.9》，社会科学文献出版社，2011，第336~377页。

表3-4 珠三角京津冀协同发展机制评价

一级指标	二级指标	广州	深圳	珠海	佛山	惠州	东莞	中山
经济总体协调指标	经济区位优势指数 x_1	0.810	0.799	0.365	0.505	0.275	0.442	0.337
	资源优势度指数 x_2	0.328	0.291	0.464	0.360	0.451	0.261	0.356
	经济规模指数 x_3	0.741	0.731	0.231	0.550	0.211	0.481	0.294
	经济增长指数 x_4	0.726	0.723	0.637	0.879	0.831	0.746	0.698
	经济效率指数 x_5	0.556	0.609	0.436	0.646	0.325	0.655	0.616

续表

一级指标	二级指标	广州	深圳	珠海	佛山	惠州	东莞	中山
经济总体协调指标	城市竞争力指数 x_6	0.843	0.859	0.682	0.778	0.640	0.770	0.704
	科技创新能力指数 x_7	0.260	0.391	0.047	0.189	0.112	0.213	0.095
	经济结构转化速度指数 x_8	0.576	0.652	0.610	0.618	0.633	0.572	0.602
	市场发育程度指数 x_9	0.905	0.935	0.828	0.909	0.860	0.901	0.942
	政府审批与管制指数 x_{10}	0.795	0.830	0.847	0.780	0.809	0.774	0.852
	经济国际化程度指数 x_{11}	0.539	0.703	0.553	0.171	0.555	0.665	0.172
	经济区域化程度指数 x_{12}	0.730	0.804	0.771	0.723	0.731	0.780	0.840
产业协调指标	产业层次指数 x_{13}	0.593	0.685	0.398	0.370	0.344	0.446	0.387
	产业结构高级化程度指数 x_{14}	0.606	0.563	0.505	0.483	0.470	0.535	0.482
	产业集聚程度指数 x_{15}	0.915	0.993	0.799	0.873	0.803	0.799	0.820
	农林牧渔业区位商 x_{16}	0.156	0.007	0.267	0.225	0.488	0.037	0.250
	规模以上工业区位商 x_{17}	0.621	0.934	1.156	1.254	1.301	1.072	1.322
社会协调指标	收入水平指数 x_{18}	0.318	0.365	0.284	0.248	0.231	0.279	0.242
	对外基本基础设施指数 x_{19}	0.504	0.323	0.175	0.277	0.208	0.356	0.187
	社会交流指数 x_{20}	0.818	0.713	0.704	0.688	0.705	1	0.864
	普通中学在校生数（人）x_{21}	561600	346900	95400	323400	307700	263100	156900
	卫生机构床位数（张）x_{22}	65940	24079	6736	24526	13092	22814	10698
	执业（助理）医师数（人）x_{23}	35289	22684	4520	12376	6824	12228	5337

资料来源：①《广东统计年鉴（2013）》，其中全部指数数据来源于中国社会科学院城市与竞争力指数数据库。

②倪鹏飞等：《中国城市竞争力报告 No.9》，社会科学文献出版社，2011，第336~377页。

(二)各城市协调作用因子评分

首先,对京津冀进行因子载荷分析,载荷是指第 i 个变量与第 m 个因子的相关系数,即表示变量 x_i 依赖于 F_m 的分量(比重),心理学家将它称为载荷。其次,求出各个因子的方差贡献率。方差贡献率指的是公因子对于自变量的每一分量所提供的方差总和,它是衡量因子相对重要程度的指标。通常情况下,我们将因子载荷矩阵的所有方差贡献率计算出来并按照大小排序,从而提炼出最具影响力的因子。

表 3-5 解释的总方差

成分	初始特征值 合计	方差的贡献率(w_m)(%)	累积(%)	提取平方和载入 合计	方差(%)	累积(%)	旋转平方和载入 合计	方差(%)	累积(%)
1	17.924	74.685	74.685	17.924	74.685	74.685	11.010	45.875	45.875
2	3.694	15.392	90.078	3.694	15.392	90.078	8.012	33.382	79.257
3	2.381	9.922	100.000	2.381	9.922	100.000	4.978	20.743	100.000
4	1.258E-15	5.242E-15	100.000						
5	5.309E-16	2.212E-15	100.000						
6	4.460E-16	1.858E-15	100.000						
7	3.420E-16	1.425E-15	100.000						
8	2.796E-16	1.165E-15	100.000						
9	2.026E-16	8.442E-16	100.000						
10	1.195E-16	4.978E-16	100.000						
11	9.145E-17	3.810E-16	100.000						
12	6.716E-17	2.798E-16	100.000						
13	-3.794E-17	-1.581E-16	100.000						
14	-6.119E-17	-2.549E-16	100.000						
15	-7.422E-17	-3.092E-16	100.000						
16	-1.010E-16	-4.209E-16	100.000						
17	-1.305E-16	-5.437E-16	100.000						

续表

成分	初始特征值			提取平方和载入			旋转平方和载入		
	合计	方差的贡献率(w_m)(%)	累积(%)	合计	方差(%)	累积(%)	合计	方差(%)	累积(%)
18	$-1.996E-16$	$-8.316E-16$	100.000						
19	$-2.413E-16$	$-1.005E-15$	100.000						
20	$-3.482E-16$	$-1.451E-15$	100.000						
21	$-4.316E-16$	$-1.798E-15$	100.000						
22	$-5.155E-16$	$-2.148E-15$	100.000						
23	$-6.750E-16$	$-2.812E-15$	100.000						
24	$-9.198E-16$	$-3.833E-15$	100.000						

由表3-5可知，3个因子的方差贡献率分别为74.685%、15.392%、9.922%，3个因子加起来的总方差达到100%，完全涵盖了上述24个指标。

表3-6 旋转成分矩阵

	成分		
	1	2	3
经济区位优势指数	0.663	0.670	0.334
资源优势度指数	-0.954	-0.212	-0.214
经济国际化程度指数	0.818	0.494	0.296
经济区域化程度指数	-0.780	-0.260	0.570
经济规模指数	0.843	0.383	0.379
经济增长指数	0.491	-0.859	0.145
经济效率指数	0.620	-0.173	0.765
城市竞争力指数	0.874	0.442	0.203
科技创新能力指数	0.662	0.688	0.296
经济结构转化速度指数	-0.131	-0.002	-0.991
市场发育程度指数	0.373	0.470	0.800

续表

	成 分		
	1	2	3
政府审批与管制指数	0.882	0.168	0.440
产业层次指数	0.498	0.866	0.047
产业结构高级化程度指数	0.324	0.908	-0.265
产业集聚程度指数	0.528	0.386	0.757
农林牧渔业区位商	-0.925	-0.130	-0.357
规模以上工业区位商	-0.263	-0.892	-0.367
建筑业区位商	0.865	0.443	0.235
收入水平指数	0.800	0.476	0.366
对外基本基础设施指数	0.775	0.372	0.511
社会交流指数	0.447	0.752	0.485
普通中学在校生数	0.747	0.665	-0.021
卫生机构床位数	0.579	0.780	0.236
执业医师数	0.524	0.813	0.255

注：提取方法为主成分。旋转法：具有 Kaiser 标准化的正交旋转法。旋转在 5 次迭代后收敛。

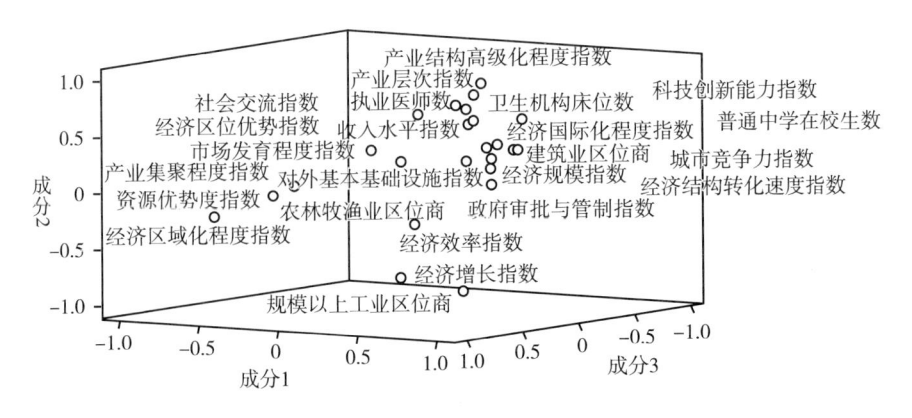

图 3-3 旋转空间中的成分

表3-7 成分得分系数矩阵

	成 分		
	β_{1i}	β_{2i}	β_{3i}
经济区位优势指数	0.015	0.065	0.020
资源优势度指数	-0.149	0.073	0.050
经济国际化程度指数	0.074	0.007	-0.010
经济区域化程度指数	-0.201	0.037	0.273
经济规模指数	0.084	-0.022	0.014
经济增长指数	0.194	-0.255	-0.010
经济效率指数	0.060	-0.121	0.164
城市竞争力指数	0.104	-0.012	-0.045
科技创新能力指数	0.017	0.070	0.008
经济结构转化速度指数	0.093	0.021	-0.292
市场发育程度指数	-0.078	0.055	0.201
政府审批与管制指数	0.111	-0.075	0.029
产业层次指数	-0.010	0.132	-0.050
产业结构高级化程度指数	-0.013	0.165	-0.127
产业集聚程度指数	-0.029	0.017	0.169
农林牧渔业区位商	-0.135	0.089	0.002
规模以上工业区位商	0.101	-0.165	-0.077
建筑业区位商	0.098	-0.010	-0.034
收入水平指数	0.064	0.005	0.014
对外基本基础设施指数	0.055	-0.016	0.063
社会交流指数	-0.059	0.110	0.093
普通中学在校生数	0.076	0.056	-0.101
卫生机构床位数	-0.005	0.101	-0.001
执业医师数	-0.023	0.116	0.012

注：提取方法为主成分。旋转法：具有Kaiser标准化的正交旋转法。

在分析中，人们往往更愿意用因子反映原始变量，这样更有利于描述研究对象的特征，因而往往将因子表示为变量的线性组合，即：

$$\begin{cases} F_1 = \beta_{11}x_1 + \beta_{12}x_2 + \cdots + \beta_{1p}x_p \\ F_2 = \beta_{21}x_1 + \beta_{22}x_2 + \cdots + \beta_{2p}x_p \\ F_m = \beta_{m1}x_1 + \beta_{m2}x_2 + \cdots + \beta_{mp}x_p \end{cases} \quad (3.13)$$

在确定 3 个因子后,根据计算出的各因子的方差贡献率 w_m,计算得出各城市的协调作用综合得分 S_i。计算公式如下:$S_i = \sum_{m=1}^{3} w_m F_m$,计算结果见表 3-8。

表 3-8　京津冀部分城市协调作用得分

区域名称	因子 F_1	因子 F_2	因子 F_3	协调作用综合得分
北　京	0.57684	1.27130	0.54869	0.68
天　津	1.10409	-0.98565	-0.24392	0.65
石家庄	-0.70726	0.28816	-1.29103	-0.61
唐　山	-0.97367	-0.57381	0.98626	-0.72

同理计算长三角、珠三角各城市协调作用得分,结果见表 3-9、表 3-10。

表 3-9　长三角主要城市协调作用得分

区域名称	因子 F_1	因子 F_2	因子 F_3	协调作用综合得分
上　海	2.83337	0.74136	-0.21068	1.55
苏　州	-0.01851	1.20185	1.10102	0.26
杭　州	0.32351	0.30871	0.88554	0.12
嘉　兴	0.32964	-1.73518	0.43414	-0.01
绍　兴	0.17114	-1.14180	0.11873	-0.05
扬　州	0.01072	-1.50271	1.30829	-0.06
南　京	-0.10290	0.07613	-0.52996	-0.10
无　锡	-0.60452	0.80729	0.32494	-0.18
宁　波	-0.39488	0.69212	-0.65258	-0.18
南　通	-0.78635	0.34197	0.70389	-0.30
常　州	-0.99823	0.83394	0.60527	-0.35
台　州	-0.76299	-0.62367	-2.31752	-0.71

表3-10　珠三角主要城市协调作用得分

区域名称	因子F_1	因子F_2	因子F_3	协调作用综合得分
广　州	2.00920	-0.50980	-0.04939	1.00
深　圳	0.63004	1.05247	0.53985	0.57
中　山	-0.76182	0.66791	1.19570	-0.15
东　莞	-0.52901	0.88621	-0.58979	-0.23
佛　山	-0.22050	0.43642	-1.36301	-0.24
珠　海	-0.46094	-1.23522	1.14210	-0.28
惠　州	-0.66697	-1.29797	-0.87544	-0.67

表3-11　京津冀、长三角、珠三角首位城市核心协调作用比较

核心城市	协调作用综合得分	排名结果
上　海	1.55	1
广　州	1.00	2
北　京	0.68	3

注：根据表3-8、表3-9、表3-10统计计算得出。

（三）评价结论

在京津冀、长三角、珠三角三大都市圈首位城市核心协调作用的对比中，北京得分0.68，上海得分1.55，广州得分1.00，北京排名最后。在一个高效的都市圈协同发展机制中，首位城市处在龙头地位，其发挥协调作用的大小在一定程度上决定了都市圈协同发展的效率，所以这也从一个侧面反映了京津冀在中国三大都市圈区际经济利益协调评价中，协调效率最低，北京并未起到应有的龙头作用。北京作为中国的首都，是三大都市圈核心城市中行政管制色彩最为强烈、受行政区划羁绊影响最深的首位城市；由此可见，突破行政区划羁绊是区际经济利益协调和区域协同发展的抓手。

第四章　基于纵横结合的协商机制与仲裁机制

行政边界刚性约束是引致区际利益非均衡的直接原因；经济的空间溢出要求区际纳什均衡突破行政边界的刚性约束；突破行政边界刚性约束需要各地方政府间建立常态化的横向协调机制，即协商机制。地方政府的有限理性和市场的不完全性是引致区际利益非均衡的根本原因。由于地方政府的有限理性和市场的不完全性，地方政府自发式的协调较难实现区际纳什均衡，这就需要中央政府设立权威仲裁机构进行纵向协调，即仲裁机制。京津冀协同发展机制的路径选择是纵横结合。

一　经济空间溢出、行政边界刚性约束与协商机制

（一）经济空间溢出

Martin 和 Ottaviano（1999）首次把内生经济增长引入新经济地理学中，在他们的全域溢出模型（GS 模型）中，资本存量产生的溢出效应影响新资本的形成成本，从而促进进一步的资本积累。Baldwin，Martin 和 Ottaviano（2001）提出了局域溢出模型（LS 模型），在这个模型中，资本存量产生的溢出效应对新资本形成成本的影响，在不同的空间是有差别的。因此，该模型把溢出效应与空间结合起来，分析了溢出效应对经济活动空间分布的影响以及

对内生经济增长率的影响。上述两个模型均证明了经济在空间上存在溢出效应并且对产业转移以及经济的空间分布产生了重大影响。

（二）经济空间溢出的检验——空间局域自相关

Anselin（1995）提出了局域 Moran 指数 I_i（Local Moran index），或称 LISA（Local indicator of spatial association），它是一种描述空间联系的局域指标，用来检验局域地区是否存在相似或相异的观测值集聚在一起。区域 i 的局域 Moran 指数 I_i 用来度量区域 i 和他邻域之间的关联程度，被定义为：

$$I_i = \frac{(x_i - \bar{x})}{s^2} \sum_i \omega_{ij}(x_i - \bar{x}) \tag{4.1}$$

$S^2 = \frac{1}{n}\sum_i (x_i - \bar{x})^2$，$\bar{x} = \frac{1}{n}\sum_{i=1}^n x_i$，$\omega_{ij} = \begin{cases} 1 & \text{当区域}i\text{和区域}j\text{邻接时} \\ 0 & \text{当区域}i\text{和区域}j\text{不邻接时} \end{cases}$

x 是经济属性值，为了更好地测度区域之间的内在经济联系，本书采用县域 GDP 值，ω_{ij} 为空间权重矩阵，$\omega_{ij} = \begin{vmatrix} \omega_{11} & \cdots & \omega_{1n} \\ \vdots & \ddots & \vdots \\ \omega_{n1} & \cdots & \omega_{nn} \end{vmatrix}$，当区域 i 和区域 j 邻接时，记 $\omega_{ij} = 1$；反之当区域 i 和区域 j 不邻接时，记 $\omega_{ij} = 0$。空间权重矩阵按照邻接方式可以分为三种：一阶邻接、二阶邻接和高阶邻接。所谓一阶邻接是指两个区域拥有共同的边或定点；二阶邻接包括一阶邻接，还包括间接邻接，即相邻之相邻；高阶邻接则辐射范围最广，空间溢出效应最为明显。本书采用高阶邻接方式，依据 k 个最近邻域方式（K-Nearest Neighbor）生成空间权重矩阵 ω_{ij}，即 i 区域周边 k 个区域均记为邻接区域，记 $\omega = 1$；k 个区域以外的区域记 $\omega = 0$。由于京津冀共计

177个县域单元，所以k的取值范围为0~176，经多次试验k取90空间溢出效果最佳。

Moran指数I_i的统计检验结果可以通过Moran显著性地图反映。Moran显著性地图按局域空间自相关类型将区域单元划分为高属性值—高属性值（H—H）、低属性值—低属性值（L—L）、高属性值—低属性值（H—L）、低属性值—高属性值（L—H）四种类型。高属性值（H）—高属性值（H）是指具有较高的观测值（县域GDP值）的单元，其相邻区域的观测值也较高，低属性值—低属性值（L—L）是指具有较低的观测值（县域GDP值）的单元，其相邻区域的观测值也较低，则H—H代表高值的局域空间集聚；而高属性值（H）—低属性值（L）代表具有较高观测值的单元与具有较低观测值的单元相邻，低属性值（L）—高属性值（H）代表具有较低观测值的单元与具有较高观测值的单元相邻，则H—L、L—H反映局域空间分异。

本书分别采用2004年、2012年京津冀地区177个县域单元为统计样本（宣武区已划入西城区、崇文区已划入东城区），采用177个县域单元的GDP值，依据式4.1进行局域自相关检验，对比八年间京津冀地区是否发生了显著的经济空间溢出效应。

（三）行政边界刚性约束与区际协调

图4-1、4-2中的白色区域多为京津冀西北部山脉，所以白色区域经济相关性并不显著。图4-1为2004年京津冀局域自相关指数图，从图4-1及表4-1中可以看出，经济空间集聚仅发生在西城区、海淀区、朝阳区、滨海新区、唐山、廊坊等个别区域，而到了2012年，如图4-2及表4-2所示，经济的空间集聚发生在海淀、朝阳、东城、西城、丰台、石景山、昌平、顺义、通州、大兴、固安、廊坊、武清、北辰、河东、河西、河北、和平、南开、红桥、东丽、西青、津南、宝坻、滨海新区、唐山、遵化、迁西、迁安、秦皇

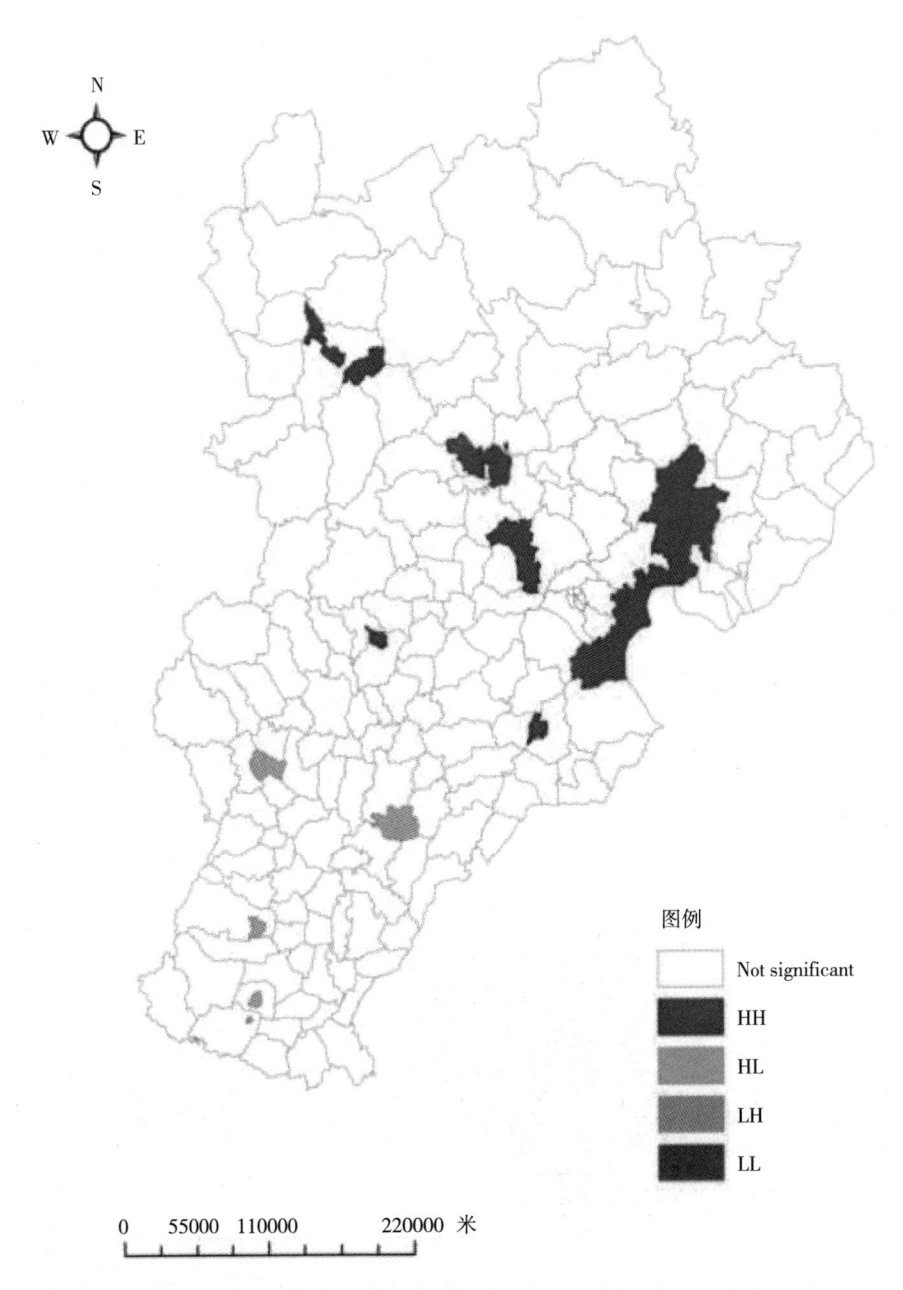

第四章 基于纵横结合的协商机制与仲裁机制

图例
Not significant
HH
HL
LH
LL

0 55000 110000   220000 米

图4-1 京津冀局域自相关 Moran 指数图（2004）

资料来源：《中国区域经济统计年鉴（2005）》。

表 4-1 京津冀空间经济溢出效应（2004）

相关类型	包含的县域单元
H—H（集聚）	海淀区、朝阳区、西城区、滨海新区、唐山、廊坊、保定
H—L	邯郸、邢台、石家庄、衡水
L—H	无
L—L	无

资料来源：笔者根据图 5-1 统计得出。

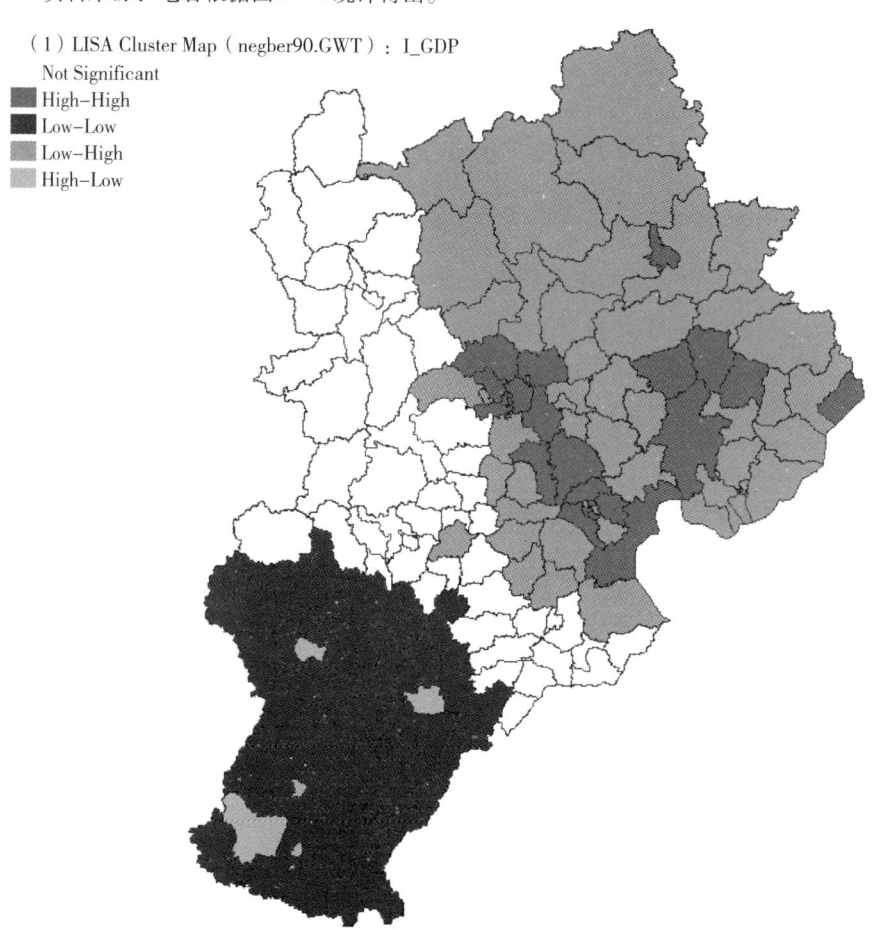

（1）LISA Cluster Map（negber90.GWT）：I_GDP
Not Significant
High-High
Low-Low
Low-High
High-Low

图 4-2　京津冀空间局域自相关 Moran 指数图（2012）

数据来源：《北京市统计年鉴（2013）》、《天津市统计年鉴（2013）》、《河北省经济年鉴（2013）》。

表4-2　京津冀空间经济溢出效应（2012）

相关类型	包含的县域单元
H—H(集聚)	海淀、朝阳、东城、西城、丰台、石景山、昌平、顺义、通州、大兴、固安、廊坊、武清、北辰、河东、河西、河北、和平、南开、红桥、东丽、西青、津南、宝坻、滨海新区、唐山、遵化、迁西、迁安、秦皇岛、承德、石家庄、保定
H—L	邢台、邯郸、衡水
L—H	围场满族蒙古族自治县、丰宁满族自治县、沽源、隆化、平泉、滦平、赤城、张家口、怀涞、延庆、怀柔、密云、平谷、滦平、兴隆、门头沟、房山、涿州、平泉、宽城满族自治县、青龙满族自治县、卢龙、承德县、邢台县、抚宁、滦县、昌黎、滦南、唐海、乐亭、宁河、玉田、静海、永清、霸州、黄骅、青县、大城、沧州、沧县、高碑店、正定、蓟县、三河、大厂回族自治县、
L—L 以及检验不显著地区	康宝、张北、尚义、崇礼、万全、怀安、宜化、涿鹿、蔚县、阳原、涞源、涞水、易县、定兴、雄县、文安、徐水、容城、安新、任丘、河间、高阳、满城、清苑、顺平、唐县、阜平、望都、蠡县、肃宁、博野、安国、安平、饶阳、献县、泊头、南皮、盐山、海兴、孟村回族自治县、新乐、行唐、灵寿、平山、鹿泉、无极、深泽、武强、东光、阜城、武邑、深州、定州、辛集、晋州、藁城、栾城、鹿泉、井陉、元氏县、赵县、景县、吴桥、故城、枣强、冀州、新河、宁晋、高邑、赞皇、临城、柏乡、内丘、隆饶、巨鹿、南宫、任县、平乡、广宗、威县、清河、南和、沙河、永年、鸡泽、曲周、邱县、临西、武安、肥乡、广平、馆陶、涉县、磁县、成安、大名、临漳、魏县

资料来源：笔者根据图5-2统计得出。

岛、承德、石家庄、保定多个区域。八年的时间，京津冀地区经济空间集聚的范围在显著扩大，说明经济空间溢出效应明显。

行政边界刚性约束是引致区际经济利益非均衡的直接原因。行政边界的本质即割据性，对区际经济的内在联系产生了刚性约束。它如同一堵"看不见的墙"，严重阻碍了区际要素流动，制约区域经济一体化进程，使地方政府的行为很难协调统一。京津冀地区的经济空间溢出效应已经突破了区际行政边界，如果再基于行政边界研究区际利益分配与协调，显然并不合理，而亟须建立能够突破行政边界刚性约束羁绊的区际协调机制。经济的空间溢出是经济的客观内在规律。它说明了区际经济利益协调需要突破行政边界的必要性。

（四）协商机制

既然经济的空间溢出效应要求区际纳什均衡突破行政边界的刚性约束，那么就需要地方政府通过市长联席会议进行跨界横向协调，即协商机制。协商机制的建立基于横向协调的视角，通过联席会议调动地方政府的积极性、主动性，体现区际经济利益属于社会福利再分配范畴。Kelly LeRoux，Paul W. Brandenburger and Sanjay K. Pandey（2010）认为网络化的横向协调比中央政府职能部门的纵向协调更易促成地方政府间的合作，因为它提供了面对面的交流机会。京津冀三地政府应建立常态化的"京津冀市长联席会议制度"。京津冀市长联席会议成员单位由京津冀各市市长组成，不刻制印章，定期召开高层领导会议，执行首都经济圈发展规划，探讨各城市之间发展对接的思路，协调解决基础设施共建、产业转移、环境保护联防联控、人才跨区域自由流动、社会保障对接等重大问题，对区际重大项目进行表决，制定区域经济一体化章程，形成规范的对话与协商机制。联席会议主席可由北京、天津、河北省内各市市长轮流担任。联席会议由区管委牵头负责，区管委主要负责人担任召集人。联席会议下设办公室，为常设机构，负责落实联席会议所作出的各项决策并承担日常工作。办公室设在区管委，便于和中央及时沟通。联席会议以会议纪要形式明确会议议定事项，经与会单位同意后印发有关部门。重大事项要及时向国务院报告。各市的发展改革部门、财政部门、科技主管部门、民政部门、司法部门、环保部门、住建部门以及公安部门是市长联席会议各项决策的具体执行部门。借鉴国外发达国家先进经验并结合我国现行体制，横向协调借鉴了表4-3中的第2种协调形式；纵向协调借鉴了表5-3中的第3种协调形式。

表4-3　国内外主要区域协调形式对比

协调形式 指标程度	1. 合作论坛制度	2. 联席会议制度	3. 单一职能专门联合委员会制度	4. 联合议会制度	5. 大都市区（单一）政府制度
联系紧密程度	低	较低	很高	较高	很高
协调权威程度	低	较低	很高	较高	很高
效力程度	低	较低	较高	较高	很高
自主自愿程度	很高	较高	很高	较高	低
公平程度	很高	较高	较高	很高	低
磋商深入程度	很低	较低	很高	很高	低

资料来源：张智新：《京津冀区域治理研究》，《北京经济社会发展政策基地项目》，2012。

二　地方政府有限理性、市场的不完全性与仲裁机制

（一）仲裁机制

地方政府的有限理性和市场的不完全性是引致区际利益非均衡的根本原因。由于地方政府的有限理性和市场的不完全性，地方政府自发式的协调较难实现区际纳什均衡，因此这就需要中央政府设立权威仲裁机构进行纵向协调，即仲裁机制。仲裁机制属于纵向协调机制，它体现了中央政府的权威性。区际利益的纵向协调包括两个层面：一方面是建立中央政府层面的区际仲裁机构；

另一方面是建立立法机关层面的立法和监督机构。京津冀协同发展机制的仲裁机制由仲裁机构（国家区域管理和协调委员会）以及立法和监督机构（全国人民代表大会区域发展委员会）组成。中央权威仲裁机构、监督机构的设立，可以重构不同区域在经济方面发生交换的激励结构，降低区际经济利益协调费用，从而有利于区域经济增长。

在中央政府层面，可以由国家发展和改革委员会、中华人民共和国住房与城乡建设部和中华人民共和国国土资源部联合成立区际仲裁机构——国家区域管理和协调委员会，作为区际矛盾协调的超级仲裁机构，由国务院直接领导，以减少部门职责的交叉并提升机构权威性。该机构由一名国务院副总理兼任主任，下设区域规划司、环境保护司、丝绸之路经济带协调管理司、京津冀协调管理司、长江经济带协调管理司、成渝经济区协调管理司、法规司、市场监管司、住房保障司、土地利用管理司、耕地保护司、执法监察局等。区管委的主要职能是区际经济利益协调、区际经济利益矛盾仲裁、区域规划、预算的编制以及区域规划落实监督和市场监管等。区管委的设立体现了科层制的思想，通过一种自上而下的控制方式克服行政边界导致的地方政府的有限理性。所以，区管委要被赋予足够的权威，可以驾驭地方政府；否则，一个乏权无术的区管委将导致"囚徒困境"继续上演。国家区域管理和协调委员会作为区际经济利益冲突的仲裁机构，仲裁结果具备法律效力。区管委的权威性还体现在可以协调国务院各部委开展工作。值得注意的是，国家区域管理和协调委员会并不是要干涉地方政府内部事务，它只是区际经济利益矛盾的仲裁和协调机构。它的职能边界只发生在区际矛盾产生的地方。

关于设立国家区域管理和协调委员会的必要性，笔者想借用空间经济学或者新经济地理学的相关理论加以解释——空间不可能定理。

Starrett（1978）证明了空间不可能定理，在存在有限个代理商和区位的经济体中，如果空间为均质，存在运输成本，且所有需求在本地无法得到满足，那么也就不存在有关运输成本的竞争均衡。换言之，Starrett证明了在均质空间和有运输成本的阿罗-德布鲁世界中，不存在包含贸易的空间均衡。所以，经济空间是异质的，一个国家的经济是由大量不同的块状经济组成。既然我们承认一国的经济是由若干个块状经济组成，那么一个宏观经济管理执行机构（国家发改委）显然是不够充分的，我们还需要一个中观经济协调执行机构，用以协调每一个块状经济体。这个机构就是国家区域管理和协调委员会。

在国务院积极稳妥推进大部制改革的背景下，国家区域管理和协调委员会短期内可能无法成立，中央政府也可以考虑国家发改委职能转型。随着市场在资源配置中越来越多地起到决定性作用，国家发改委作为价格制定者的角色可以交给市场，产业规划可以更多地交给工业和信息化部、环境保护部、农业部等对口部委。国家发改委的职能由调控、干预资源配置向协调区域经济利益转变。

立法机关层面的立法和监督机构可以在全国人民代表大会设置专门委员会——区域发展委员会，作为最高区域权力机关，在区域发展委员会下设立京津冀发展小组，由京津冀三省市的全国人大委员组成。区域发展委员会承担区域法律制定、修改和监督实施，区域预算审批、监督等方面的职能，在加快区域规划立法，保持区域规划连续性、稳定性方面起到决定性作用。建议国家尽快出台区域规划法。国家区域管理和协调委员会是区际经济利益协调和区域规划落实的监督机构，全国人大区域发展委员会是区域预算执行的监督机构。既然二者拥有监督职能，那么惩罚职能也必须包含其中，否则，当违约、违规、不合作收益大于协调收益时，地方政府就有可能发生逆向选择或道德风险。

（二）仲裁程序

未来具体的区际利益协调程序应该由全国人民代表大会以立法的形式确定。未来区际利益仲裁与协调程序设想如下（见图4-3）。

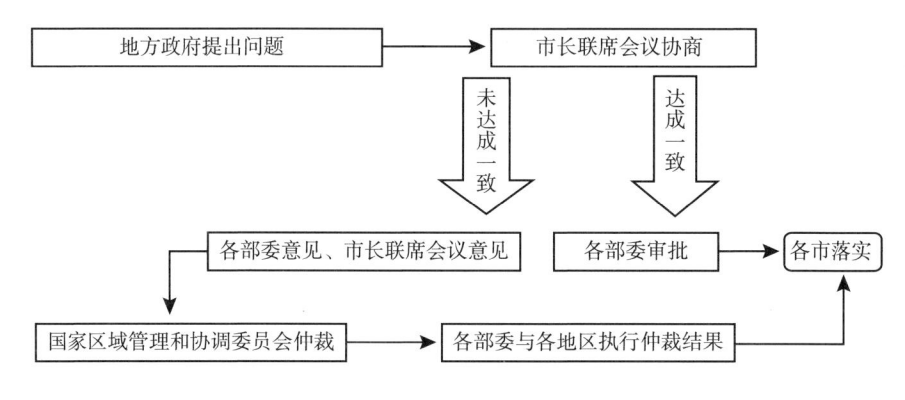

图4-3　仲裁与协调程序

第五章　基于财税机制改革视角的京津冀产业区际转移税收分享机制

在产业区际转移时地方政府利益固化表现为区域税收争夺。我国目前尚未建立横向分税制。基于财税机制改革的视角，横向分税是解决地方政府间区域税收争夺的有效手段。本章使用合作博弈中的夏普利值思想，通过横向分税，促使产业转移达到区际纳什均衡，从而形成区际协调的分享机制。横向分税制的建立实质上是政府为企业营造了在各个不同区域都能平等使用生产要素，同等受到法律保护，公平参与市场竞争，共同承担社会责任的市场环境；是产业转移升级过程中地方政府间利益让渡与协调的长效机制。

一　京津冀产业区际转移的契机及可能性

（一）北京率先迈向后工业化阶段给产业区际转移升级带来契机

纽约、东京、伦敦等大都市圈的实践和产业梯度转移理论表明，都市圈的产业升级，一般都是由区域核心城市首先开始的。大都市圈内的核心城市因其具有科技、资本和产业的优势，往往在促进区域产业升级过程中起着先导、引领作用。核心城市把部分传统产业向外围进行转移和扩散，既有利于加强核心城市的实力和提高其地位，也使外围地区获得发展契机，进而促进区域产业分工体系的形成，有利于增强区域的整体功能和实力。区域核心城市的产业升级正是在其将产业向外围扩散、转移、连接、融合的过程中实现的。

京津冀首位城市北京率先迈向后工业化社会，必将对区域发展带来重大影响。工业化作为产业结构变动最迅速的时期，其演进阶段也通过产业结构的变动过程表现出来，根据实证研究得出的一般模式见表5-1（库兹涅茨，1971；Syrquin 和 Chenery，1989）[①]。

表5-1 工业化各阶段的产业结构变化

工业化阶段	三次产业的产值结构变化
工业化前期	第一产业产值比重＞第二产业产值比重
工业化初期	第一产业产值比重＜第二产业产值比重，且第一产业产值比重＞20%
工业化中期	第一产业产值比重＜20%，第二产业产值比重＞第三产业产值比重
工业化后期	第一产业产值比重＜10%，第二产业产值比重＞第三产业产值比重
后工业化阶段	第一产业产值比重＜10%，第二产业产值比重＜第三产业产值比重

资料来源：郭克莎：《中国工业化的进程、问题与出路》，《中国社会科学》2000年第3期，第60~71页。

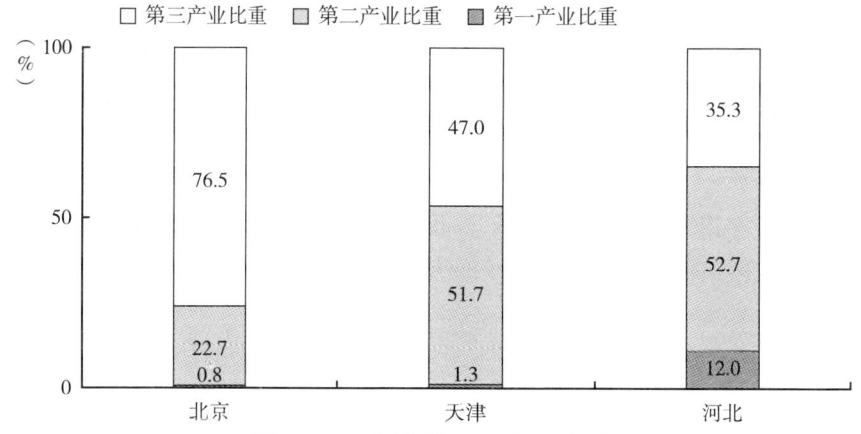

图5-1 京津冀三次产业比重

北京：第三产业比重 76.5，第二产业比重 22.7，第一产业比重 0.8
天津：第三产业比重 47.0，第二产业比重 51.7，第一产业比重 1.3
河北：第三产业比重 35.3，第二产业比重 52.7，第一产业比重 12.0

资料来源：2012年北京市、天津市、河北省统计年鉴。

[①] Syrquin, M. and H. B. Chenery, Three Decades of Industrialization [J], The World Bank Economic Review, 1989, (3): 145–181.

根据库兹涅茨的三次产业产值比重变化判断工业化阶段的理论及指标（见表5-1），北京第一产业的比重仅为0.8%，小于10%且第二产业的比重也明显低于第三产业，说明北京已开始迈向后工业化阶段（见表5-2），产业发展已呈现出科技创新与文化创新双轮驱动的高端化趋势和后工业经济的突出特征。

表5-2 京津冀三地三次产业比重（2012）

单位：%

区域	第一产业比重	第二产业比重	第三产业比重
北京	0.8	22.7	76.5
天津	1.3	51.7	47.0
河北	12.0	52.7	35.3

资料来源：2012年北京市、天津市、河北省统计年鉴。

北京率先迈向后工业化阶段给产业区际转移带来了契机。以首都钢铁公司搬迁到曹妃甸为重要标志，北京与外围的区际关系开始发生重大转折，出现京津冀空间结构模式转变的新契机，由集聚虹吸为主转变为集聚与扩散并存：一方面，核心城市通过产业转移升级，辐射带动外围发展，对整个区域发挥着产业传导、技术扩散、智力支持、区域服务和创新示范等带动作用；另一方面，外围城市对核心城市则发挥着疏解中心人口压力，承接扩散产业，提供生态保障，共建基础设施，扩展城市功能等作用。这无疑将极大地推动区域产业整合升级，提升区域综合竞争力。

（二）京津冀三地资源和产业的互补性为产业转移提供可能

新型的产业分工有可能在京津冀内形成错位竞争、功能差异化的产业链整体优势。传统产业分工主要是部门间分工，要求部门专业化；新型产业分工主要是部门内部分工，要求产品专业化和功能专业化。京津冀三地的产业层次存在落差性，各自处于产业链条上的不同位置。北京科技研发全国领先，技术创新中心和市场营销中心发达，因而占据产业链条的高端位置；天津的制造业拥有优势，处于产业链条的中端位置；河北省在区域中具有明显的低价劳动成本优势和基础制造业优势，产出上大都属于资源型初级加工的低附加值产品，处于产业链和价值链的低端（见图5-2、5-3）。因此，京津冀应按照新型产业分工的思路来重构产业分工体系，理顺产业发展链条，通过产业区际转移横向分税制打造产业链整体竞争优势，实现京津冀三地产业合理布局、融合互补、联动发展、错位竞争、互利共赢的格局。

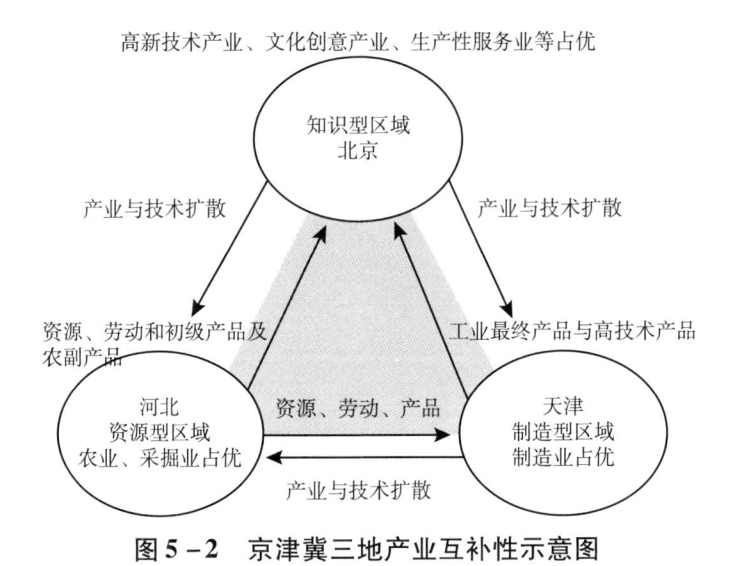

图5-2 京津冀三地产业互补性示意图

资料来源：笔者根据祝尔娟等：《天津滨海新区与北京产业对接的研究》，中国经济出版社，2009，第48页插图绘制。

（三）京津冀产业区际转移的方向

北京市"十二五"规划着眼于城市空间结构战略调整和功能优化配置，天津市"十二五"规划明确指出加快推进滨海新区开发开放，将滨海新区建设成为高水平的现代制造业和研发转化基地，坚持

第五章 基于财税机制改革视角的京津冀产业区际转移税收分享机制

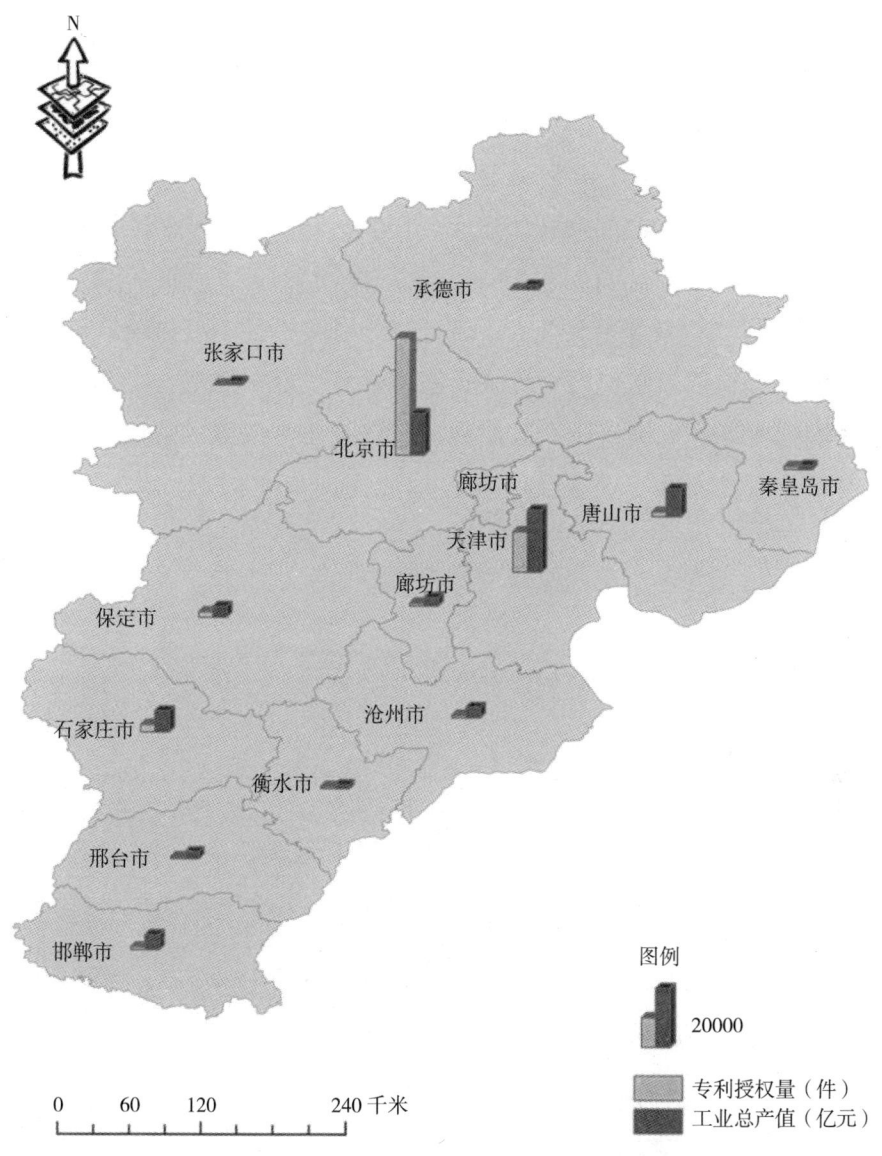

图 5-3 京津冀专利授权量与工业总产值空间对比（2012）

资料来源：笔者根据北京市、天津市、河北省 2012 年统计年鉴绘制。

以建设先进制造业聚集地为目标，以综合配套改革创新为支撑，延伸产业链条，实现集群发展。

河北省"十二五"规划中强调将环首都经济圈建设作为河北经济社会发展的战略重点。河北在积极为京津搞好服务、全方位深化京津冀合作的同时，在承德、张家口、廊坊、保定四市选择毗邻北京、交通便利的14个县（市、区）重点突破，建设以新兴产业为主体的环首都经济圈。

基于上述京津冀三地"十二五"规划，北京市产业转移的方向应定位于向河北省环首都经济圈以及滨海新区转移。北京市可依据"城南计划"，协调津冀两地，打造"京－廊－滨"产业轴，整合中关村国家自主创新示范区－北京经济技术开发区－廊坊工业园－北京大兴国际机场临空经济园－天津武清经济技术开发区－滨海新区等京津冀重点科技园区（见图5－4），形成先向南再向东的集研发、制

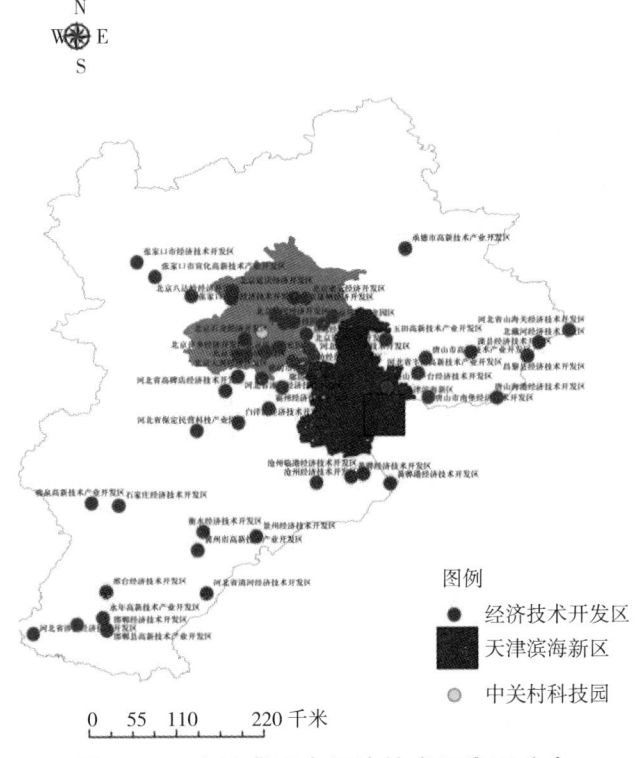

图5－4 京津冀重点经济技术开发区分布

资料来源：笔者绘制。

造、物流、仓储、外贸于一体的园区链，而区际经济利益分享机制可以加速产业梯度转移，促进产业链升级融合，提高京津冀地区产业集群综合实力，带动区域经济快速发展。

二　京津冀产业区际转移的现状与困境

（一）京津冀产业转移的现状

行政区划分割掣肘了京津冀产业转移。早在2010年科技部就批复了《河北环京津国家高新技术产业带建设规划》。河北环京津国家高新技术产业带的发展定位是：国家高新技术创新创业示范区、环渤海区域高新技术产业发展密集区、京津高新技术成果转化核心区和河北省现代产业体系建设主体区。其近期目标是，到2015年，建成以园区（开发区）和高新技术产业基地为主要支撑，以产业密集区为主体，各种创新要素聚集，高新技术企业密集，空间布局合理，在全国有重要影响的国家级高新技术产业带。截至2010年，河北省环首都经济圈经济技术开发区分布密集，已形成聚集高新技术产业的省级以上园区39个，其中国家级高新区2个，国家级高新技术产业基地15个，此外有省级高新技术区域特色产业基地30个（见图7-5）。

但是，与数量众多的环京津高新技术园区形成鲜明对比的是入驻园区的企业多为京津之外省份的企业，京津企业入园数量相对较少。北京汽车集团（简称北汽集团）作为中国五大汽车集团之一，是北京市国有独资大型企业。2012年，北汽集团累计销售汽车170.1万辆，同比增长10.3%；生产167.3万辆，同比增长10.5%；营业收入2100亿元，利润170亿元，综合经营指标排名行业第四，成为首都经济和现代制造业的重要支柱产业。就是这样一家北京市国有独资大型企业，在建厂选址上却多次"忽视"河北环京津高新技术产业带。北汽集团福田汽车公司（以下简称福田汽车）旗下多功能厂于2011年6月建成投产，该基地选址于北京密云县，总投资达37亿元人民币，设计年产能20万辆，年收入322亿元，利税24亿元。2012年，福田汽车在北京怀柔确定建设重型机械项目，总投资近25亿元，总用地面积51.55公顷，设计产能2万台套，项目建成后可实现年销售收入300亿元。密云县是北京重要的水源涵养地，怀柔区是北京北部生态水源保护屏障，在这两个区域发展大型制造业将对北京的资源环境承载力构成巨大威胁。那么是什么原因使得福田汽车如此选址？原因是行政区划分割导致的地方政府利益固化。

（二）京津冀产业转移的困境

京津冀产业区际转移的困境是地方政府利益固化。地方政府利益固化表现为区域税收的争夺。税收是财政收入的主要来源。财政收入是地方政府考核的重要指标和区域经济发展的资金保证。产业区际转移的转出方和转入方基于地方经济利益的考虑，在税收分享的问题上展开了激烈博弈：一方面转出方不甘心将本来属于自己的财政收入拱手让人；另一方面，转入方由于付出了更多的土地、资源、环境成本，承担了企业转入所带来的负外部性效应而要求获得更多的税收作为补偿。如果双方无法就产业区际转移后的税收分享问题达成一致，会导致资源错配与浪费、重复建设，引致区际经济利益非均衡，阻碍产业结构升级调整。所以，税收分享问题是京津冀产业区际转移的核心问题。税收分享问题的关键在于财税体制改革，应打破我国现行的"分灶吃饭"地方财政格局，从根本上破除"一亩三分地"的思想桎梏，通过对区际经济利益财税"蛋糕"的二次分配，构建地方政府间"兄弟"般的横向分税制，作为纵向分税制的补充，形成纵横交叉的分税网络，健全我国财税体制。

第五章 基于财税机制改革视角的京津冀产业区际转移税收分享机制

三 横向分税制

（一）横向分税对象

本书涉及的横向分税制所分享的税收是指地方税以及中央与地方共享税中属于地方的部分，与中央税无关。所以，在构建模型之前要先分清哪些税种属于地方税、共享税。我国于1994年1月1日改革了地方财政包干制，对各省、自治区、直辖市以及计划单列市实行分税制财政管理体制，根据事权与财权相结合的原则，按税种划分中央与地方的收入（见表5-3）。

表5-3 中国中央政府与地方政府的税收征管范围

征税机构	税收征管范围
中央	关税，海关代征消费税和增值税，消费税，中央企业所得税，地方银行和外资银行及非银行金融企业所得税，铁道部门、各银行总行、各保险总公司等集中交纳的收入（包括营业税、所得税、利润和城市维护建设税），中央企业上缴利润等。
地方	营业税（不含铁道部门、各银行总行、各保险总公司集中缴纳的营业税），地方企业所得税（不含上述地方银行和外资银行及非银行金融企业所得税），地方企业上缴利润，个人所得税，城镇土地使用税，固定资产投资方向调节税，城市维护建设税（不含铁道部门、各银行总行、各保险总公司集中交纳的部分），房产税，车船使用税，印花税，耕地占用税，契税，遗产和赠予税，土地增值税，国有土地有偿使用收入等。
中央与地方共享	增值税，资源税，证券交易税。增值税中央分享75%，地方分享25%。资源税按不同的资源品种划分，大部分资源税作为地方收入，海洋石油资源税作为中央收入。证券交易税，中央分享97%，地方分享3%。企业所得税、个人所得税，中央分享60%，地方分享40%。

资料来源：《国务院关于实行分税制财政管理体制的决定》（国发〔1993〕85号）以及其他相关税法文件。

（二）横向分税的区际纳什均衡

我国目前尚未建立横向分税制。德国是世界主要发达经济体中唯一采取横向分税制的国家，这也使其财政体系独树一帜，即独具德国特色的平衡财政。这种平衡财政主要是指增值税等主要税种在各州之间"兄弟般的"二次分配，体现了财政横向分税的思想。德国联邦政府还通过设立统一基金，有的放矢地补贴财政能力较弱的州，基本消除了原联邦德国和民主德国之间的地区差距，妥善地解决了两德统一后由于区际差距造成的地区矛盾。国内对分税制的研究大多集中在中央与地方的纵向分税制上（张伦俊、王梅英，2003；张伦伦，2006）。区际横向分税既是产业区际转移协调的主要内容，也是区际税收竞争的一种结果。Tiebout（1956）提出区际税收竞争是提高政府效率和居民福利的一种方式。Randall G. Holcombe 和 DeEdgra W. Williams（2011）也认为税收竞争会提高地方政府工作效率；如果地方政府组成卡特尔联盟会抑制 Tiebout 竞争，从而对区域利益产生消极影响。与之相反，近期文献的主流观点认为对流动要素的税收竞争将导致政府低效率，使社会处于帕累托次优状态，存在帕累托改进的可能（Gordon，1983，Zodrow、Mieszkowski，1986，Wildasin，1988）。Hamada（1985）证明了存在税收竞争的两个不同国家通过税收政策协调，可以实现国际贸易的帕累托改进，从而达到帕累托最优状态。演化到区域经济会得出类似结论：不进行区际税收政策协调会使区际经济利益非均衡，而进行税收政策协调可以实现区际经济利益的帕累托改进（见附录A）。加州大学教授Shapley L. S因在稳定配置理论及市场设计实践上所作出的贡献获得了2012年诺贝尔经济学奖。他于1953年给出了人合作博弈利益分配的一个解的概念——夏普利值（Shapley Value）。夏普利值的主要思想是：按照局中人对联盟的贡献来分配合作得到的总收益。所以，京津冀产业转移的区际纳什均

第五章　基于财税机制改革视角的京津冀产业区际转移税收分享机制

衡是地方政府间的税收分享，即横向分税制。横向分税制的建立实质上是避免地方政府间税收争夺的有效手段；是政府为企业营造在不同区域都能平等使用生产要素，同等受到法律保护，公平参与市场竞争，共同承担社会责任的市场环境；是产业在区际转移过程中税收分享的具体应用；是纳什均衡在合作博弈阶段的演化和延伸。

本书将以首都钢铁公司（简称首钢）搬迁至河北唐山曹妃甸为例，使用案例分析与实证分析（夏普利值）相结合的方法论证我国在产业区际转移时应如何建立横向分税制。首钢搬迁至河北唐山曹妃甸，正是北京努力打造首都经济圈，推进京津冀区域经济一体化的具体表现。首钢搬迁对推动首都产业结构重新布局，打造首都经济圈有直接贡献。首钢搬迁至河北，临海而建，不仅辐射京津冀等多个省市，还大幅降低原料和产品运输成本。我国是钢铁大国，但不少产品是中低档次的"大路钢"。首钢搬迁至河北，采用世界先进技术，生产技术含量高、质量等级达到国际先进水平的高端产品，推动了河北乃至华北地区钢铁产业结构升级和高端装备制造业的发展。首钢搬迁，还为北京西部地区拓展了发展空间。首钢搬迁后，原址将变身为高端产业、绿色产业的聚集地，为首都产业布局调整、转变经济增长方式带来了新的活力。这是一个京冀双赢的产业区际转移经典案例，但首钢搬迁也面临着地方利益冲突，原因在于首钢对北京市的地方税收曾作出巨大贡献，一旦转移到河北，北京必将面临税收损失的问题。2010年首钢销售收入2200亿元。2011年7月美国《财富》杂志发布的世界500强中，首钢位列第325位，成为上榜的首家北京市属国有企业。

借鉴夏普利值思想，横向分税的区际纳什均衡是：按照各区域对产业产出的贡献来分配合作得到的总收益；北京与河北两地政府应按照对首钢公司产出的边际贡献比例分享首钢上缴的地方税。那么，本书就需要测算京津冀各区域对产业产出的边际贡献——区位边际贡献率。区位边际贡献率是指：一个区域内的市场环境和公共政策对辖区内产业产出的边际贡献。与区位商不同的是，区位边际贡献率是针对区域而言，而区位商是针对产业而言；区位边际贡献率是反映区域经济的指标，而区位商是反映主导产业的指标。由于产业类型众多，为简化研究，本书不一一对各产业产出进行测算，而是选取 GDP 作为被解释变量。因为 GDP 指标反映了全部产业产出的综合情况。正如本书"5.1.2"所分析的那样，北京对整个京津冀地区 GDP 的贡献最为突出的是科技效应或创新溢出；天津最为显著的贡献是制造业和像滨海新区这样的国家综合配套经济改革试验区；而河北的显著贡献是低价的劳动力市场和丰富的劳动力资源。

（三）京津冀各区域区位边际贡献率实证测算

Tobler（1970）提出地理学第一定律（First Law of Geography）："任何事物在空间上都是关联的；距离越近，关联程度就越强；距离越远，关联程度就越弱。"地理学第一定律揭示了空间数据的空间依赖性，即空间自相关。空间数据的空间依赖性违背了经典计量经济学的样本残差不相关假设，所以经典计量经济学对空间数据的估计可能是有偏的。为了克服空间依赖，本书使用空间计量经济学的研究方法对京津冀各区域区位边际贡献率进行实证测算。

1. 指标选取与数据描述

由于数据可得性的问题，本书以京津冀地区市域单元 2012 年的数据为样本，数据来源于北京市、天津市、河北省统计年鉴，以 neigbour=6 为原则构建空间权重矩阵，选择 GDP 为被解释变量，选择专利申请授权数 PAT、区域就业总人数、全社会固定资产投资额 TFAI 为解释变量。专利申请授权数 PAT 反映了科技创新的能力，本模型使用该指标测度北京对产业的区位边际贡献率；河北的比较优势在于丰富的劳动力资源，本模型使用区域就业总人数测度河北对产业的区位边际贡献率；天津在以滨海新区为代表的"硬件"上具备比较优势，本模型使用全社会固定资产投资额 TFAI 测度天津对产业的区位边际贡献率。数据描述如下（见图 5-7~图 5-10）。

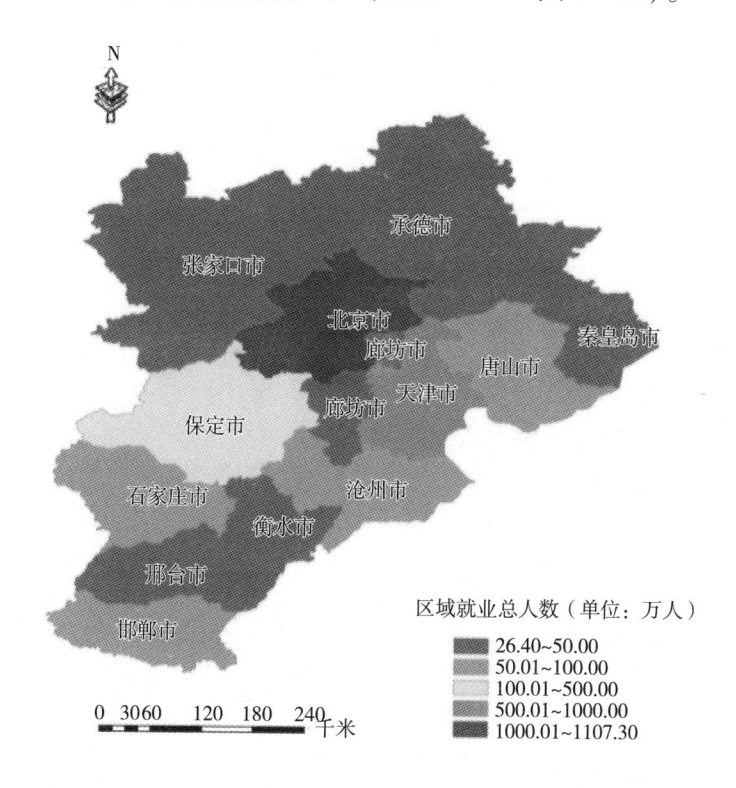

图 5-7 京津冀地区 GDP 空间分布（2012）

2. 空间计量模型选择与估计结果

较为常见的空间计量经济学模型分为空间滞后模型（Spatial Autoregressive Model，SAR）和空间误差模型（Spatial Error Model，SEM），二者均在截面数据的基础上引入了空间权重矩阵并采用最大似然估计方法。判断使用何种模型主要考察以下两个方面：最大似然估计值 LOGL 和拉格朗日乘子 LM-Error、LM-Lag 的检验情况；如表 5-4 所示，SEM 模型最大似然估计值 $logL$ 为 8.75，SAR 模型最大似然估计值 $logL$ 为 1.62，类似于 F 检验，最大似然估计值越大说明

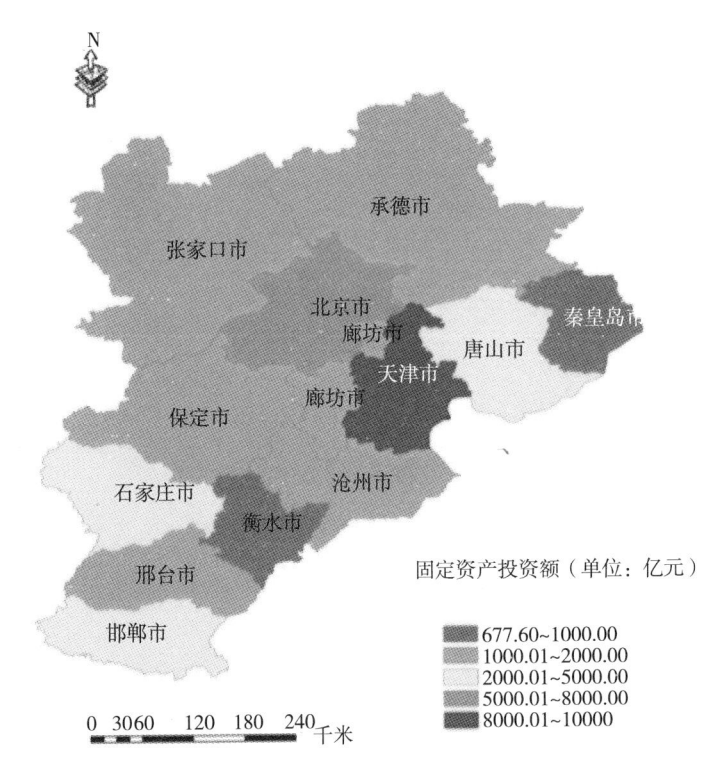

图 5-8 京津冀地区 PAT 空间分布（2012）

模型整体效果越显著。此外，LM-Error 为 6.88，远大于 LM-Lag 的 0.0005，且 LM-Error 的 P 值仅为 0.048 远低于 LM-Lag 的 P 值 0.981，说明选择空间误差模型更优，模型设定错误的概率仅为 4.8%，且模型的空间自相关来源于误差扰动项。本书选择建立空间误差模型（SEM），如式 5.2，并对数据进行标准化处理，通过将空间权重矩阵 ω_{ij} 引入模型误差项中，修正空间依赖，克服由误差项引起的空间自相关。

建立空间误差修正模型（SEM）：

$$\begin{cases} lnGDP = \beta_1 LnPAT + \beta_2 Ln\omega + \beta_3 LnTFAI + u \\ u = \lambda \omega_{ij} u + \varepsilon \end{cases} \quad 则$$

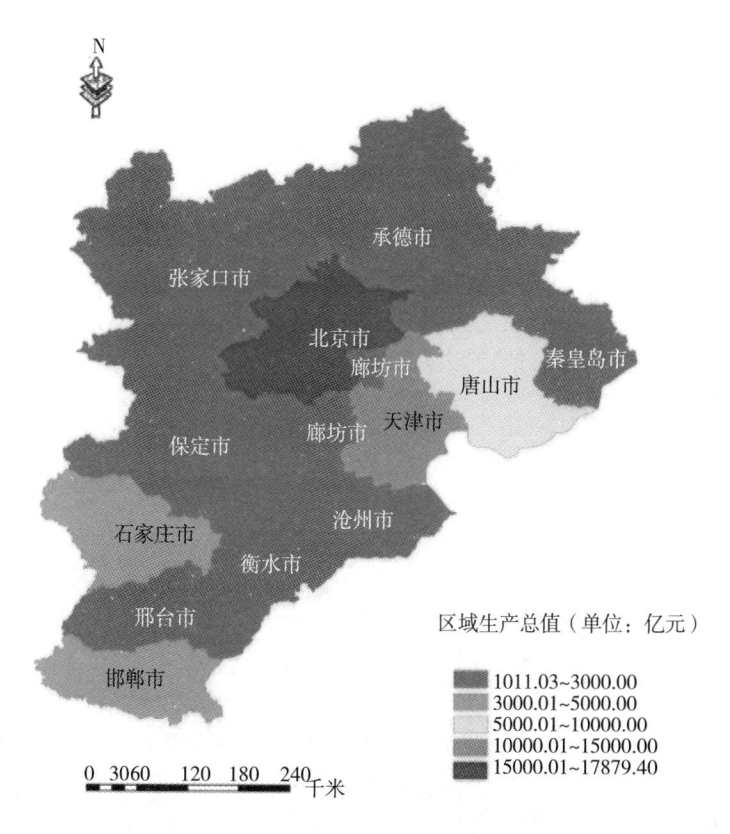

第五章 基于财税机制改革视角的京津冀产业区际转移税收分享机制

图 5-9 京津冀地区 W 空间分布（2012）

$$\begin{cases} lnGDP = \beta_1 LnPAT + \beta_2 Ln\omega + \beta_3 LnTFAI + (I_n - \lambda\omega_{ij})^{-1}\varepsilon \\ \varepsilon \sim N(0,\sigma^2 I_n) \end{cases} \quad (5.2)$$

表 5-4　空间误差修正模型估计结果

变量名称	SEM		SAR	
	回归系数	T检验P值	回归系数	T检验P值
■	0.032	0.752	-0.046	0.192
$LnPAT$	0.478***	0.001	0.527	0.001
$Ln\omega$	0.141*	0.080	0.232	0.004
$LnTFAI$	0.435***	0.001	0.326	0.001

续表

变量名称	SEM		SAR	
	回归系数	T检验P值	回归系数	T检验P值
K	0.984		0.979	
最大似然估计值 LogL	8.75		1.62	
空间依赖性检验	LM-Error6.88(0.048)		LM-Lag0.0005(0.981)	
异方差检验 Breusch-Pagan test	4.281	0.233	2.319	0.508

注：*** 代表通过了显著性水平为1%的T检验；* 代表通过了显著性水平为10%的T检验。

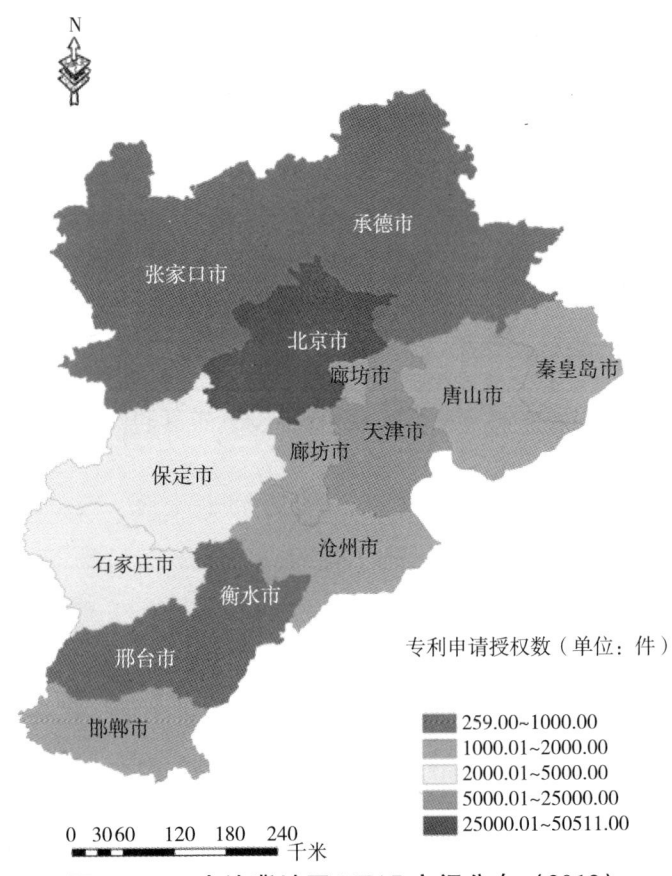

图5-10 京津冀地区 **TFAI** 空间分布（2012）

资料来源：图5-7~图5-10由笔者根据2012年北京市、天津市、河北省统计年鉴绘制。

估计结果见表5-4，除常数项外，其他回归系数全部通过了显著性T检验，其中PAT和TFAI的回归系数通过了显著性水平为1%的T检验，W的回归系数通过了显著性水平为10%的T检验。Breusch-Pagan检验的P值为0.233，接受不存在异方差的原假设，拟合优度达到了0.984，说明模型整体回归效果良好。

四　京津冀产业区际转移模式

有了横向分税制，则京津冀产业区际转移具备了经济财政基础。接下来，本文阐述京津冀产业转移的具体运作模式。本文通过北京转出企业与津冀承接开发区双边匹配的机制设计，推动制造业产能由北京向天津、河北梯度转移，有序扩散。

（一）双边匹配机制

匹配问题的起源以Gale和Shapley（1962）在《美国数学月刊》上发表的著名论文《大学录取与婚姻的稳定性》为标志，该文提出了G-S（递延-接受）算法。Alvin E Roth（1984，1985，1990，1999）在著名学术期刊《欧洲经济评论》《计量经济学》《自然》《美国经济评论》上发表学术论文通过对实习医生与医院双边匹配的市场设计，明确提出双边匹配的概念并将一对一的双边匹配机制扩展到多对一，为美国医学院学生联合会（AMS）升级了国家实习医生匹配程序，改进了已有的NIPM（NRMP）机制，提出了Applicant-Proposing双边匹配算法。

本文借鉴Roth教授的算法，结合京津冀实际情况，设计北京转出企业与津冀承接开发区双边匹配机制，设e_i表示第i个企业，$i=1,2,\cdots,n$；p_j表示第j家开发区，$j=1,2,\cdots,m$；开发区p_j可招商T_j家企业。第i企业考虑不同开发区所处区域的集聚经济、产业

集群程度、消费者偏好、市场潜力、地区技术进步率以及基础设施状况等指标 c_n 后在计算机原型系统中输入自身关于开发区集合的一个偏好序清单 $A_i = \{\alpha_{ij} | j \in 1, 2, \cdots, m\}$。第 j 家开发区在研究所有拟入驻本园区企业的企业信用、达产后年税收额、所属行业、就业带动效应、污染物排放水平、土地出让价格报价、万元产值能耗、投资额、注册资本等因素 x_j 后也给出拟招商企业偏好序清单 $S_j = \{S_{ji} | i \in 1, 2, \cdots, n\}$，且两类清单是严格偏好的，即不存在两个同样好的选择。

第一步：每个企业向其偏好序清单 α_{ij} 中排名第一的开发区发出入驻申请。收到申请的开发区检查自身的偏好序清单 S_{ij} 中是否包含该企业。若含有，双方暂时匹配；若不含，则拒绝该企业。

第二步：在第一步中被拒绝的企业向其偏好序清单中排名第二的开发区发出入驻申请。收到申请的开发区检查自身偏好清单中是否包含该企业。如果不包含，则直接拒绝该企业；如果包含再检查自身容量是否已满，如果未满，则暂时匹配该企业，如果已满，则比较该企业与自身已招企业中最不喜欢的企业在其偏好序清单中的排名，如果该企业排名靠前，则暂时匹配该企业，拒绝已匹配但最不喜欢的企业，如果该企业排名靠后，则拒绝该企业。被拒绝的企业执行第 q 步。

第 q 步：企业 e_i 向它偏好序清单中没有拒绝过它的开发区中排名最靠前的开发区 p_j 发出申请，接下来分成两种情况讨论。

（1）当 p_j 未匹配满 T_{p_j} 个企业，则 e_i 与 p_j 匹配。

（2）当 p_j 已匹配满 T_{p_j} 个企业，设 e_k 为与 p_j 匹配且 p_j 最不喜欢的企业，若 $e_k >_{p_j} e_i$，则 e_i 重复第 q 步，当第 q 步的命令针对 e_i 的运行次数等于 e_i 自身偏好序清单中的开发区个数时，则 e_i 停止匹配。若 $e_k <_{p_j} e_i$，则 e_i 与 p_j 匹配，e_k 与 p_j 解除匹配，e_k 重复第 q 步。

直到每个企业都找到了自己"心仪"的开发区或部分企业找到

了自己"心仪"的开发区,部分企业没有找到,但没有匹配的企业都已向其偏好序清单中的所有开发区发出过一次申请,算法终止。此时的匹配结果为最终结果。

技术路线如图 5-11 所示。

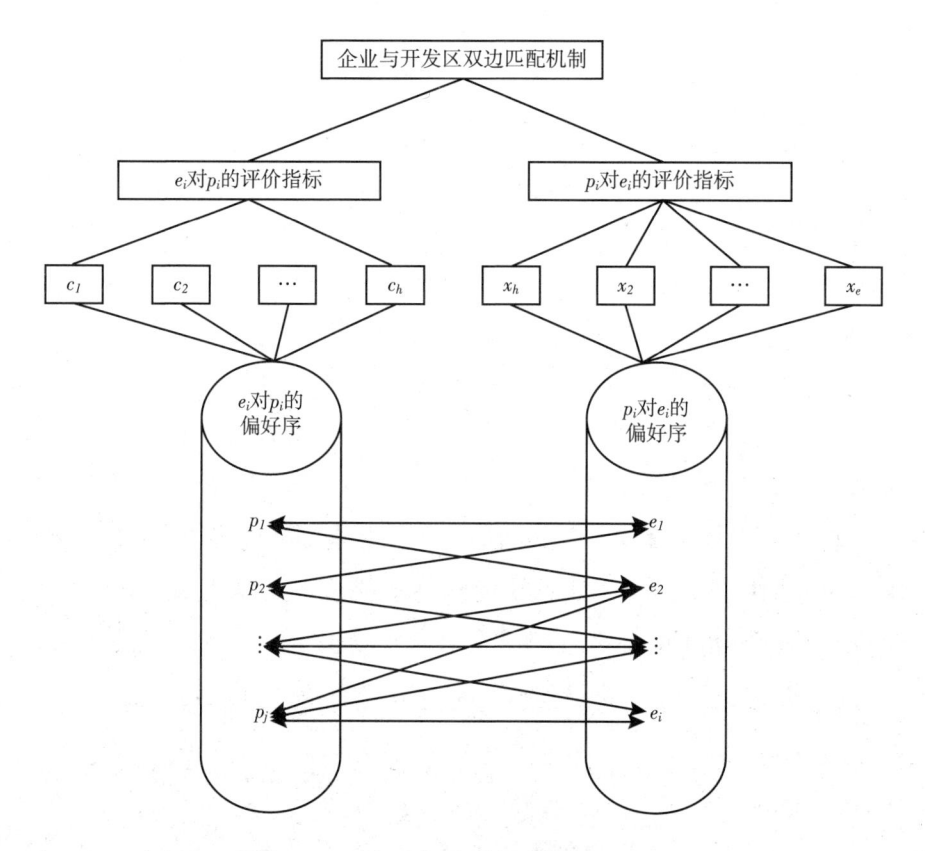

图 5-11 企业与开发区双边匹配机制

偏好序清单其实质是反映了一种效用程度,企业 e_i 对开发区 p_j 的偏好序清单 α_{ij} 就是其对不同开发区满足自身效用程度的综合评价结果,开发区 p_j 对企业 e_i 的偏好序清单 S_{ij} 就是其对不同拟入驻企业满足自身效用程度的综合评价结果。本书设 z 为匹配双方效用之和,u_{ij} 表示一个 0~1 的离散变量,$u_{ij}=1$ 表示 e_i 与 p_j 匹配,$u_{ij}=0$ 表示 e_i

与 p_j 不匹配，r_1，r_2 为权重参数，其中 $0 \leqslant r_1 \leqslant 1$，$0 \leqslant r_2 \leqslant 1$，$r_1 + r_2 = 1$，若 $r_1 = r_2 = 0.5$ 说明企业与开发区的效用同等重要，若 $r_1 > r_2$ 说明机制设计更偏重企业的效用，优先让企业选择。本文将上述双边匹配机制转化为双边匹配线性规划模型，即最优匹配等价于匹配双方效用之和最大化：

$$max\ z = r_1 \sum_{i=1}^{n} \sum_{j=1}^{m} a_{ij} u_{ij} + r_2 \sum_{i=1}^{n} \sum_{j=1}^{m} S_{ij} u_{ij} \quad (5.3)$$

$$S \cdot T \cdot \sum_{j=1}^{m} u_{ij} = 1, i = 1, 2, \cdots, n \quad (5.4)$$

$$S \cdot T \cdot \sum_{i=1}^{n} u_{ij} \leqslant t_j, j = 1, 2, \cdots, m \quad (5.5)$$

$$u_{ij} = 0 \text{ 或 } 1, i = 1, 2, \cdots, n, j = 1, 2, \cdots, m \quad (5.6)$$

式 5.3 为目标函数，以匹配双方效用之和最大化为目标；式 5.4 表示每个企业至多匹配入驻一个开发区，t_j 为第 j 个开发区所能容纳的企业数量，所以，式 5.5 表示每个开发区招商数量不能超过其工业用地规划指标。式 5.4、式 5.5 为约束条件。因为式 5.3~式 5.6 是含有 $m \times n$ 个变量的 0~1 整数规划，又因为式 5.4 和式 5.5 的约束条件，所以它的可行域最多由 n 个可行解组成。显然，$u_{ij} = \begin{cases} 1, i \text{ 匹配 } j \\ 0, i \text{ 不匹配 } j \end{cases}$，$i = 1, 2, \cdots, n, j = 1, 2, \cdots, m$，为式 5.3~式 5.6 的可行解之一，则整数规划式 5.3~式 5.6 可行域非空。因此，由式 5.3 确定的目标函数在可行域某个可行解取到最大值，即整数规划式 5.3~式 5.6 必存在最优解。最优解即稳定解，可通过编写计算机程序进行运算，求解匹配结果，部分程序伪码如下。

While p_j 是 e_i 偏好序清单中评价排名第一的开发区，if p_j 清单中含有 e_i，if p_j 并未招满企业（开发区 p_j 有闲置土地）；

e_i 匹配 p_j

else（p_j 已招满企业）

　　if p_j 认为 $e_i > e_\varepsilon$（e_ε 为 p_j 原匹配中偏好序排名最后的企业）

　　　　e_i 匹配 p_j，p_j 与 e_ε 解除匹配关系，e_ε 重复 e_i 的步骤

　　else（p_j 认为 $e_i < e_\varepsilon$）

　　　　p_j 拒绝 e_i，e_i 继续寻找自身偏好序清单中评价排名第二的开发区

　　end

　end

else（p_j 清单中不含有 e_i）

　　e_i 放弃 p_j

end

if 对任意的 p_g（p_g 是 e_i 偏好序中排名最后的开发区）不存在 $e_i > e_\varepsilon$（e_ε 为 p_g 的原匹配）

　　break（跳出循环）

　end

end

（二）京津冀产业区际转移流程

2014年6月25日，李克强总理主持召开国务院常务会议，强调营造承接产业转移的良好"硬环境"和"软环境"。本文建议中央政府通过双边匹配的机制设计，建立区域统一的集中撮合匹配中心，由各地分散市场变为区域集合交易。政府可以通过区域统一的信息发布和匹配交易平台改变中小企业信息不对称的结构性扭曲，引导区际产业有序、梯度转移，破除阻碍产业转移的机制障碍。匹配则意味着资源配置得到了优化。机制设计是一个平台，是一项条件，将企业区位选择与地方政府招商引资有机结合，将市场作用与政府职能有机统一，有效地减少市场主体由于独自搜集信息造成的

成本浪费和信息的非对称性。基于双边匹配的京津冀产业区际转移具体流程如下：

1. 津冀承接产业转移开发区信息披露

河北和天津的开发区要做到自身区位优势、资源禀赋、招商信息的公开化与透明化，尽量克服企业与"区位"的信息非对称性，借助官方网络平台（诸如工业和信息化部开通的中国产业转移网），定期发布承接产业转移的开发区名单，设置开发区推介版块，确保北京的企业能够获知开发区所在地的市场潜力、交通区位、功能定位、地块出让价格、配套基础设施状况、基本规划信息、税收政策（包括横向分税政策）等，从而使得双方能够在对称信息的基础上进行双边匹配。

2. 开发区开通申请

确认参与当期匹配活动的开发区在全国统一的集中匹配中心开通面向企业的申请通道；开发区必须承诺如无特殊情况，其所有可供出让土地都将依据匹配结果按照一年内本区域工业用地平均地价出让给匹配企业，不得人为抬高或压低地块价格。

3. 企业注册

当发布一期承接开发区名单时，要同时设定企业注册截止日期，规定在截止日期之前，有意愿参与当期匹配交易的北京企业必须在匹配中心网站上进行基本信息注册。

4. 企业申请材料递交与验证

提交注册信息的北京企业务必接受津冀地方政府或开发区管委会对其材料真实性与信用信息的验证与审核。一方面，企业须提交可证明其经营资质和信用状况的包括工商执照、税务登记备案、行政许可、产品、技术、服务、管理体系的资质资格等的认证与证书，另一方面，企业须提交包括投资额、雇用劳动力数量、能耗水平等信息的投资方案，以供地方政府或开发区管委会对申请企业进行评价排序。

5. 企业与开发区偏好序清单递交

企业与开发区的偏好序清单的生成过程可参照本文第三部分。双方务必在截止日期之前递交对彼此的偏好序清单。

6. 基于双边匹配算法的企业与开发区匹配过程与结果生成

在双方偏好排序清单递交完毕后，设置在全国集中匹配中心的计算机原型系统运行双边匹配算法，企业与开发区等待匹配结果。

7. 企业和开发区查询并确认匹配结果，达成交易

在双边匹配算法运行完毕后，企业与开发区登录网站查询匹配结果。确认匹配结果后，开发区和企业双方签订《匹配确认书》和《国有土地使用权出让合同》。企业按照《国有土地使用权出让合同》约定付清全部国有土地使用权出让金，依法申请办理土地登记，领取《国有土地使用证》，取得国有土地使用权。在双方确认成交结果后的10个工作日内，应在土地市场网和国家发改委网站公示本期匹配结果信息。

8. 未匹配成功个体进入下一期匹配交易

未成功匹配的开发区和企业均可以选择是否参与下一期匹配交易。

五　本章小结

依据空间误差修正模型的估计结果（见表5-4），北京对产业的区位边际贡献率是0.478，天津是0.435，河北是0.141。京津冀三地政府在拟定产业区际转移税收分享合同时应以上述贡献率比例为税收分享权重，为简化运算，取整后三地横向分税比例为北京∶天津∶河北=3∶3∶1。

依据夏普利值的思想，在拟定产业区际转移合同时，京津冀三地政府应以三地对产业的区位边际贡献率比例为权重,进行横向分税,即分享机制。北京的企业转移到河北时,北京与河北的税收分享比例是3∶1;天津的企业转移到河北时,天津与河北的税收分享比例是3∶1;北京的企业转移到天津时,北京与天津的税收分享比例是1∶1。在横向分税制的基础上,中央政府通过PPP模式建立区域统一的集中撮合匹配中心和第三方平台,通过北京转出企业与津冀承接开发区双边匹配的机制设计,助力京津冀产业区际有序转移。

第六章　基于投资机制改革视角的京津冀区际基础设施共建成本分摊机制

本章基于投资机制改革的视角，通过成本分摊机制达到区际（跨界）基础设施联合共建的纳什均衡。我国目前的跨界重大基础设施建设主要采取政府投资、区域对接的方式，这样往往会造成建设口径、标准不统一等问题，而区际基础设施共建成本分摊机制可以促使各省联合共建跨界基础设施，形成统一的建设标准，从而解决省外与省内基础设施建设口径不一致的问题。另外，跨界基础设施的外部性问题和"免费搭车"现象，导致区际基础设施供给不足；成本分摊机制可以帮助地方政府界定区际基础设施建设"产权"，从而增加地方政府对跨界基础设施的投资，促进区域经济发展。

一　基础设施的定义与分类

（一）基础设施的定义

基础设施（infrastructure）一词又译为"基础结构"。最早见于20世纪50年代初北大西洋公约组织对一个国家发动和应付战争能力的研究，之后成为发展经济学的研究内容。《韦氏词典》（Webster's Dictionary）中说：基础设施是"由基地、服务训练设施等构成的整个系统，用于部队的军事行动"。在和平年代，成为"服务于国家、城市或区域的基本的设施和系统，比如交通运输、发电站和学校"（《RANDOM HOUSE 全文辞典》，RANDOM HOUSE Unab ridged Dictionary）。《美国传统词典》（the American Heritage Dictionary）指出：基础设施是"一个社会或团体发挥作用所必不可少的基本的设备、服务和装置，比如交通和运输系统、水和能源管道以及学校、邮局、监狱等公共机构"。这些都是采用列举法进行解释。McGraw-Hill图书公司1982年出版的《经济百科全书》对基础设施作了比较详细的解释。该书写道："基础设施是指那些对产出水平或生产效率有直接或间接的提高作用的经济项目，主要内容包括交通运输系统、发电设施、通信设施、金融设施、教育和卫生设施，以及一个组织有序的政府和政治体制。""发展经济学家有时使用'社会间接资本'一词作为基础设施的同义词。社会间接资本或者是以向一个以上行业提供服务为其产出的经济性投资，又进一步分为经济间接资本和社会资本。经济间接资本是指道路、电力输送系统及电信等所必需的资本积累，社会资本是指为教育、健康、治安消防等服务项目所进行的投资。"[1] 国家统计局对基础设施投资作了解释：基础设施投资是指能够为企业提供作为中间投入用于生产的基本需求；能够为消费者提供所需的基本消费服务；能够为社区提供用于改善不利的外部环境的服务等建设的投资，包括固定资产投资中用于市政工程、电信工程、公共设施和水利环保等建设的投资。具体包括：电力、燃气和水的生产和供应业；交通运输业；邮政业；信息传输业；水利、环境和公共设施管理业等。[2] 综上所述，基础设施的内涵体现在其促进经济发展的正外部性上。

---

[1] 张强：《乡村与城市融合发展的选择》，中国农业出版社，2006，第90~91页。
[2] 资料来源于国家统计局官方网站 http://www.stats.gov.cn/。

（二）基础设施的分类

按功能划分，本书将基础设施分为三类：一是交通运输基础设施，例如：高速铁路、高速公路、地铁、机场、港口；二是知识溢出基础设施，例如：高校、技术交易所、卫星和无线网络以及信息高速公路网络；三是公共服务基础设施，例如：污水处理设施、垃圾循环利用系统、医院、幼儿园、中小学、电力生产和配送设施、石油运输设施和文化休闲设施等。按区域划分，本书将基础设施分为省内基础设施和区际基础设施即跨界基础设施。

（三）京津冀未来区际交通基础设施建设重点

基础设施建设对推动区域经济发展起着不可忽视的作用。京津冀发展规划的重点之一就是着力构建现代化交通网络系统，把交通一体化作为先行领域，加快构建快速、便捷、高效、安全、大容量、低成本的互联互通综合交通网络。

在国家《综合交通网中长期发展规划》中的五纵、五横综合运输大通道中，京津冀地区的纵向通道包括京沪运输大通道、满洲里至港澳台运输大通道；横向通道包括西北北部出海运输大通道、青岛至拉萨运输大通道。依据国家交通运输规划，京津冀未来应着力建设"两纵两横"区际综合运输大通道并加快京津冀地区机场建设（见表6-1、6-2；图6-2）。

北京市与河北省签署的《2013至2015年合作框架协议》中提到，北京和河北3年内要尽快完成京张铁路、京沈客运专线可研批复等相关工作，在重大基础设施共建共享等领域加强合作。另外，涿州—北京新机场—廊坊城际铁路、京九客运专线、北京七环以及北京市郊7条城际铁路也是未来京津冀区际基础设施建设的重点。北京市有关部门公布的《北京市城市轨道交通建设规划

表6-1 国家"五纵五横"综合运输大通道在京津冀分布情况

类别	名称	沿途重要城市	运输干线
五纵	京沪运输大通道	北起北京,经天津、济南、徐州、蚌埠、南京,南至上海	铁路、公路、民航、部分水运和油气管线
	满洲里至港澳台运输大通道	北起满洲里,经齐齐哈尔、白城、通辽、北京、石家庄、郑州到武汉,从武汉分支,一支经长沙、广州,南至香港(澳门),另一支经南昌、福州至台北	铁路、公路、民航和部分油气管线
	南北沿海运输大通道	北起黑河,经哈尔滨、长春、沈阳、大连、烟台、青岛、连云港、上海、宁波、温州、福州、厦门、汕头、广州、深圳、湛江、海口,南至三亚	铁路、公路、民航和部分陆上油气管线
	包头至广州运输大通道	北起包头,经西安、重庆、贵阳到柳州,然后分支,一支至广州,另一支至湛江	铁路、公路、民航、内河航路、油气管道
	临河至防城港运输大通道	北起临河,经银川、兰州、成都、昆明、南宁,南至防城港	铁路、公路、民航、油气管道
五横	西北北部出海运输大通道	东起天津和唐山,经北京、大同、呼和浩特、包头、临河、哈密、吐鲁番、喀什,西至新疆吐尔朵特口岸	铁路、公路、民航、油气管道
	青岛至拉萨运输大通道	东起青岛,经济南、石家庄、太原、银川、兰州、西宁,西至拉法	铁路、公路、民航、油气管道
	路桥运输大通道	东起连云港,经徐州、郑州、西安、兰州、乌鲁木齐,西至阿拉山口	铁路、公路、民航、油气管道
	沿江运输大通道	东起上海,沿长江,经南京、芜湖、九江、武汉、重庆,西至成都	长江航道、铁路、公路、民航、油气管道
	上海至瑞丽运输大通道	东起上海和宁波,经杭州、南昌、长沙、贵阳、昆明,西至瑞丽口岸	铁路、公路、民航、油气管道

资料来源:国家发展和改革委员会:《综合交通网中长期发展规划》,2007年11月。

表6-2 "十二五"机场建设项目在京津冀分布情况

性质	机场名称
改扩建	天津、石家庄、邯郸、唐山
迁建	秦皇岛
新建	北京大兴国际机场、承德、张家口、邢台
开展前期研究	沧州、曹妃甸、承德围场

注:所有项目以国家批复意见为准。
资料来源:国家《交通运输"十二五"规划》。

方案（2011~2020）》中，规划了S1到S7共7条市郊铁路（如图6-1所示），将北京与天津、河北快速连接起来，构建半小时经济圈，这将对北京中心城区人口疏散、城市非核心功能疏解、公共资源均衡配置、公共服务均等化起到重大推动作用，并同时催生生产空间节约高效、生活空间宜居适度、生态空间山清水秀的三生空间模式。

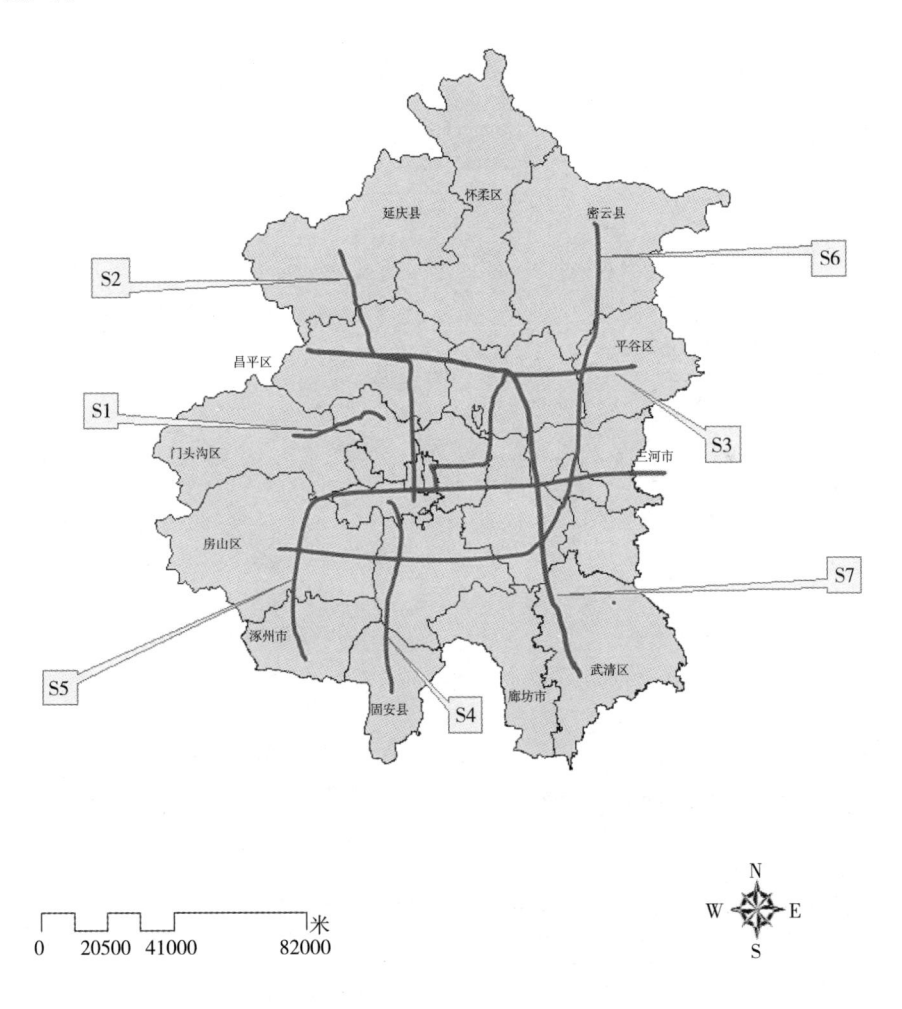

图6-1 北京市郊铁路规划示意图（2011~2020）

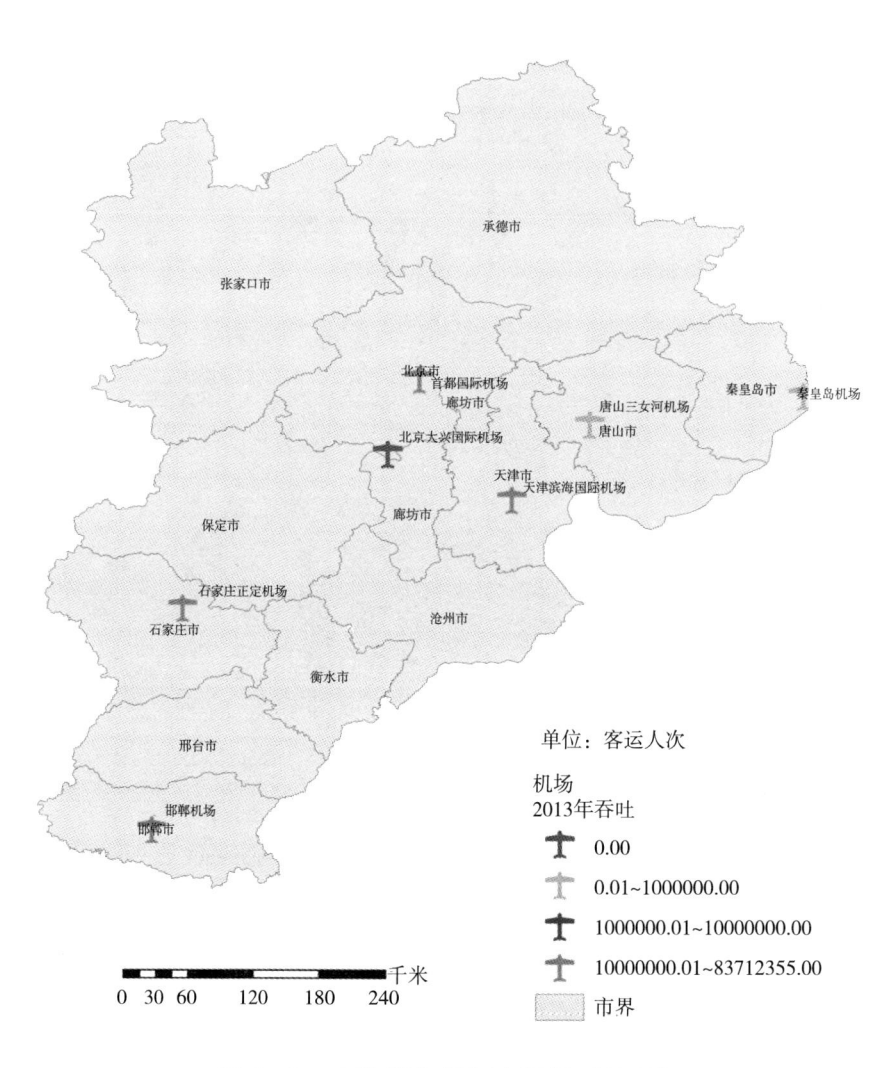

图 6-2　京津冀各机场客运量（2013）

注：图 6-1、6-2 由笔者绘制。

二 区际基础设施对区域经济一体化的促进作用

本书建立 CPLS 模型，试图挖掘区际基础设施对区域经济一体化的作用。CPLS 模型借鉴了 Krugman 的"核心—边缘"模型（1991）与 Baldwin，Martin 和 Ottaviano 的局域溢出模型（2001），将两个模型相结合，并就区域经济的长期均衡问题展开分析，得出了如下结论（模型详见附件 B）：

$$g = \frac{(1+\lambda)\left\{(1-\mu)-\left(1-\frac{\mu}{\sigma}\right)\left[\frac{\varphi(1+\mu)}{2}+(1-\mu)/2\varphi\right]^{1/\sigma}\right\}}{2\mu} - \delta$$

(6.1)

知识溢出基础设施不仅可以产生扩散效应，而且其所产生的扩散效应在与交通运输基础设施所产生的极化效用博弈中，一旦突破了某个临界值，当且仅当落后区域或边缘区域工业品支出份额足够大时，便可以逆转交通基础设施所产生的极化效应而使其产生扩散效应，使区际趋同，两种效用合力促进区域经济一体化。这里涉及的知识溢出基础设施和交通运输基础设施均指区际基础设施。区际基础设施对区域经济一体化的促进作用不仅是巨大的，而且是内生且非线性的。这是 CPLS 模型的结论。

三 横向成本分摊制

既然区际基础设施对区域经济一体化发展具有促进作用，那么就需要各省联合共建，加快区际基础设施建设。Christopher V. Hawkins（2010）认为地方政府间通过协商达成的风险分担协议或者契约既可以促进区域经济发展，又可以保持地方自治的独立性。成本分摊制实质上也属于一种对建设风险进行分担的契约。

（一）首都第二国际机场建设背景

本书以首都第二国际机场（又称北京大兴国际机场）建设为例，分析区际政府间跨界基础设施建设资金成本的分摊问题。首都第二国际机场是世界规模最大的机场之一，航站楼近70万平方米，将在2014年全面开工建设，按2025年旅客吞吐量1亿人次、货邮吞吐量200万吨、飞机起降量62万架次的总体目标规划建设（见图6-3、6-4）。

图6-3 首都第二国际机场（北京大兴国际机场）想象图

资料来源：http://news.163.com/air/14/0105/15/9HR9PQGV00014P24.html。

假设首都第二国际机场总投资为1600亿元人民币，中央投资800亿元，剩余800亿元投资预算应由北京市与河北省分摊，原因是首都第二国际机场横跨了北京大兴和河北固安两地。

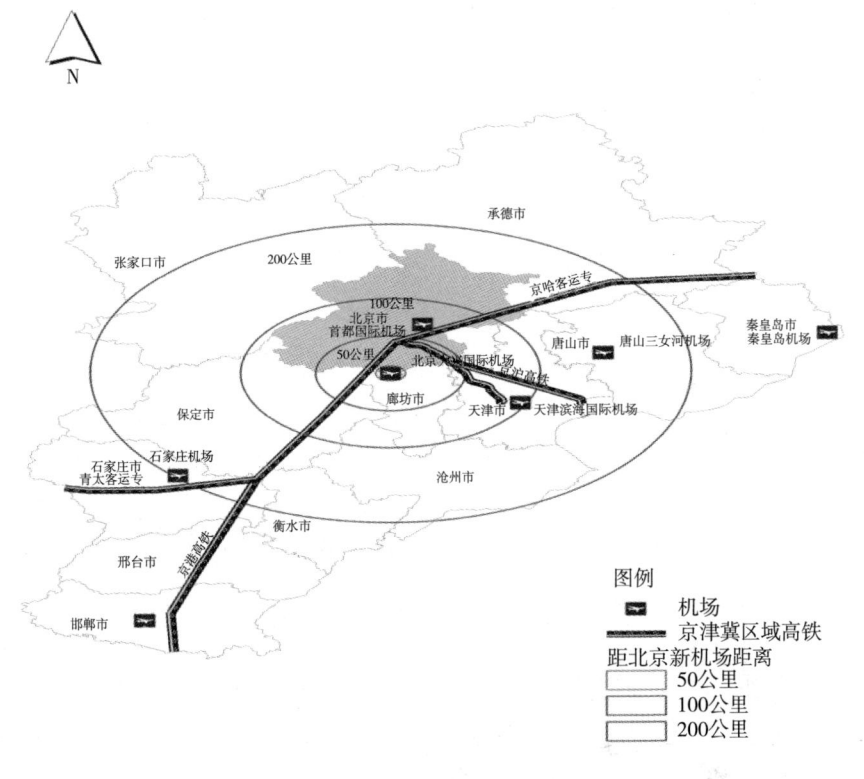

图6-4 北京大兴国际机场空间示意图

（二）成本分摊的区际纳什均衡

1. 模型构建

设 R 代表首都第二国际机场总投资收益，E_c 代表中央政府的投资成本，E_b 代表北京市政府的投资成本，E_h 代表河北省政府的投资成本，α 代表首都第二国际机场对全国经济的外部性弹性系数，β 代表首都第二国际机场对北京市区域经济的外部性弹性系数，γ 代表首都第二国际机场对河北省区域经济的外部性弹性系数，B 代表首都第二国际机场总投资预算成本，即预算约束，为一常数。

构建首都第二国际机场投资收益函数：

$$R = E_c^\alpha E_b^\beta E_h^\gamma \quad \text{预算约束 s.t. } E_c + E_b + E_h = B \tag{6.2}$$

2. 区际纳什均衡解

构造拉格朗日函数：

$$R = E_c^\alpha E_b^\beta E_h^\gamma + \lambda(B - E_c - E_b - E_h) \tag{6.3}$$

最优化的一阶条件是：

$$\begin{aligned}
\frac{\partial R}{\partial E_c} &= \alpha E_b^\beta E_h^\gamma E_c^{\alpha-1} - \lambda = 0 \\
\frac{\partial R}{\partial E_b} &= \beta E_c^\alpha E_h^\gamma E_b^{\beta-1} - \lambda = 0 \\
\frac{\partial R}{\partial E_h} &= \gamma E_c^\alpha E_b^\beta E_h^{\gamma-1} - \lambda = 0 \\
\frac{\partial R}{\partial \lambda} &= B - E_c - E_b - E_h = 0
\end{aligned} \tag{6.4}$$

区际纳什均衡解为（推导过程详见附录C）：

$$\begin{aligned}
E_c &= \frac{\alpha}{\alpha + \beta + \gamma} B \\
E_b &= \frac{\beta}{\alpha + \beta + \gamma} B \\
E_h &= \frac{\gamma}{\alpha + \beta + \gamma} B
\end{aligned} \tag{6.5}$$

（三）京津冀各区域基础设施外部性弹性系数实证测算

式6.5所代表的区际纳什均衡解说明：京津冀三地政府应依据基础设施对本地区经济所产生的外部性弹性系数比例作为权重，进行建设成本分摊；因此本书就需要测算京津冀各区域基础设施外部性弹性系数。

1. 指标选取与数据挖掘

当使用空间数据建立计量经济学模型时，由于这种数据在空间上表现出的异质性，使得解释变量对被解释变量的影响在不同区域之间可能是不同的，假定区域之间的经济行为在空间上具有异质性可能更加符合块状经济的现实。

由于 OLS 模型估计给出的回归系数整体上被假定为一个常数，无法揭示基础设施对各个区域的外部性。换言之，OLS 估计无法解决空间异质性的问题。为了更好地探查空间异质性，本书采用空间计量经济学地理加权回归模型（GWR），采用加权最小二乘法（WLS）原理，通过设定地理坐标，以高斯（Gaussian）距离为权值进行局域空间回归，分解每个区域的空间异质性，测算基础设施对各区域的外部性弹性系数，作为区际政府间基础设施建设成本投入比例分摊的参考。本书以区域 GDP 为被解释变量，以区域基础设施投资额 FAI（基础设施投资包括固定资产投资中的电力、燃气及水的生产和供应业投资，交通运输、仓储和邮政业投资，信息传输计算机服务和软件业投资，科学研究、技术服务和地质勘查业投资，水利、环境和公共设施管理业投资，居民服务和其他服务业投资，教育投资，卫生、社会保障和社会福利业投资，文化、体育和娱乐业投资，公共管理和社会组织投资）、区域城镇就业人数 L、区域专利申请授权数 PAT 为解释变量，收集我国 31 个省、自治区、直辖市的数据[1]（见表 6-3）。

表 6-3 我国大陆地区省、自治区及直辖市统计数据（2012）

区域名称	GDP(亿元)	FAI(亿元)	L(万人)	PAT(件)
北　京	17879.40	1920.05	717.37	50511
天　津	12893.88	2419.77	289.07	19782
河　北	26575.01	4418.53	619.95	15315

---

[1] 资料来源：《中国统计年鉴（2013）》，特别强调：台湾、香港、澳门、三沙、澎湖列岛及其附属岛屿，包括钓鱼岛、赤尾屿均是我国神圣而不可分割的领土，但由于数据可得性的原因，本书分析仅限我国大陆地区。

续表

区域名称	GDP(亿元)	FAI(亿元)	L(万人)	PAT(件)
山　　西	12112.83	2800.46	436.00	7196
内　蒙　古	15880.58	3900.51	270.77	3084
辽　　宁	24846.43	4956.80	598.73	21223
吉　　林	11939.24	2260.95	285.48	5930
黑　龙　江	13691.58	2596.89	470.98	20268
上　　海	20181.72	1341.15	555.73	51508
江　　苏	54058.22	5937.63	830.94	269944
浙　　江	34665.33	4415.10	1070.12	188463
安　　徽	17212.05	3280.65	436.83	43321
福　　建	19701.78	3984.72	637.86	30497
江　　西	12948.88	2204.03	385.79	7985
山　　东	50013.24	6892.93	1110.17	75496
河　　南	29599.31	3931.21	881.18	26791
湖　　北	22250.45	4086.77	598.00	24475
湖　　南	22154.23	4135.23	567.49	23212
广　　东	57067.92	5451.03	1303.98	153598
广　　西	13035.10	3050.92	357.98	5900
海　　南	2855.54	543.01	90.08	1093
重　　庆	11409.60	2618.14	353.19	20364
四　　川	23872.80	6016.76	640.89	42218
贵　　州	6852.20	2314.63	269.50	6059
云　　南	10309.47	3125.85	392.67	5853
西　　藏	701.03	409.27	25.19	133
陕　　西	14453.68	3201.23	411.22	14908
甘　　肃	5650.20	1714.98	211.33	3662
青　　海	1893.54	717.26	61.69	527
宁　　夏	2341.29	541.59	67.42	844
新　　疆	7505.31	1901.81	288.77	3439

资料来源：《中国统计年鉴（2013）》。

在 GWR 模型中，特定区位的回归系数不再是利用全部信息获得的假定常数，而是利用邻近观测值的子样本数据信息进行局域（Local）回归估计而得的、随着空间上局域地理位置 i 变化而变化的变系数 C_{ik}。

模型设定形式：

$$LnGDP_i = C_{i0}(u_i,v_i) + Ln\sum_{k=1}^{p-1}C_{i1}(u_i,v_i)FAI_{i1} + Ln\sum_{k=1}^{p-1}C_{i2}(u_i,v_i)L_{i2} + Ln\sum_{k=1}^{p-1}C_{i3}(u_i,v_i)PAT_{i3} + \varepsilon_i \qquad (6.6)$$

为了获得基础设施弹性系数，模型采用双对数形式，其中（u_i, v_i）是地理坐标，C_{i0} 为常数项，C_{i1} 是基础设施外部性弹性系数，ε_i 是第 i 个区域的随机误差项，满足零均值、同方差、相互独立等球形扰动假定。

2. 地理加权回归估计结果

地理加权回归结果见表 6-4，我国大陆地区 31 个省、自治区、直辖市的外部性弹性系数全部通过了显著性水平为 1% 的 T 检验，各

表 6-4 我国大陆地区省、自治区、直辖市基础设施外部性弹性系数

地 区	基础设施外部性弹性系数 C_{i1} ($LnFAI$)	局域拟合优度 R^2	标准差	T 检验统计量值
上 海	0.638***	0.947	0.104	5.054
云 南	0.457***	0.980	0.114	4.986
内蒙古	1.083***	0.960	0.104	6.301
北 京	1.029***	0.955	0.102	6.042
吉 林	0.874***	0.935	0.117	4.695
四 川	0.740***	0.979	0.102	6.111
天 津	1.002***	0.954	0.102	5.922
宁 夏	1.398***	0.974	0.098	6.802
安 徽	0.655***	0.955	0.100	5.531

续表

地 区	基础设施外部性弹性系数 $C_{i1}(LnFAI)$	局域拟合优度 R^2	标准差	T检验统计量值
山 东	0.911***	0.952	0.101	5.736
山 西	1.142***	0.964	0.098	6.397
广 东	0.097***	0.965	0.109	4.518
广 西	0.149***	0.971	0.110	4.715
新 疆	1.252***	0.994	0.198	4.193
江 苏	0.748***	0.951	0.102	5.397
江 西	0.305***	0.959	0.102	5.147
河 北	1.041***	0.956	0.101	6.066
河 南	0.873***	0.962	0.098	6.047
浙 江	0.508***	0.951	0.103	5.007
海 南	0.051***	0.971	0.123	3.748
湖 北	0.497***	0.964	0.098	5.841
湖 南	0.253***	0.966	0.102	5.361
甘 肃	1.322***	0.982	0.101	6.947
福 建	0.263***	0.956	0.105	4.784
西 藏	0.952***	0.992	0.168	4.409
贵 州	0.266***	0.973	0.105	5.362
辽 宁	0.900***	0.942	0.108	5.248
重 庆	0.433***	0.972	0.100	5.93
陕 西	1.216***	0.970	0.097	6.512
青 海	1.128***	0.987	0.111	6.415
黑龙江	0.887***	0.933	0.127	4.284

注：笔者使用GWR计算得出，***代表通过了显著性水平为0.01的T检验。

省市T检验统计量的值均大于正态分布函数在0.01显著性水平下的临界值2.57；拟合优度全部在0.93以上，说明模型回归效果良好，外部性弹性系数可用。将我国大陆地区31个省、自治区、直辖市的外部性弹性系数可视化（见图6-5）。

第六章 基于投资机制改革视角的京津冀区际基础设施共建成本分摊机制

基础设施外部性弹性系数

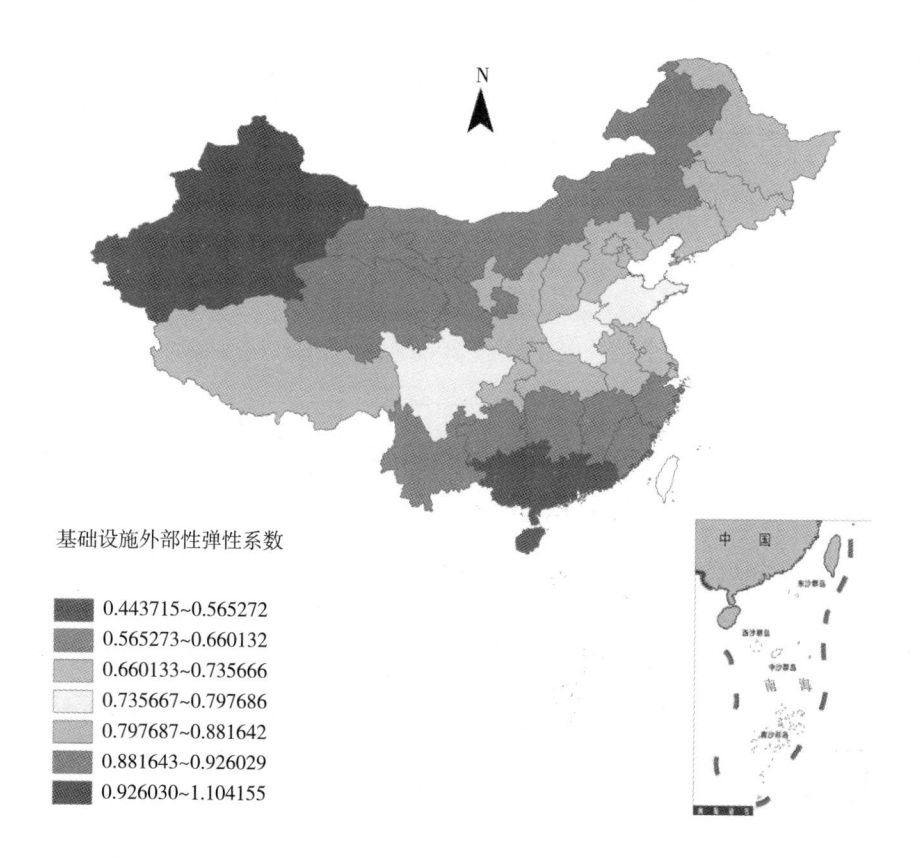

- 0.443715~0.565272
- 0.565273~0.660132
- 0.660133~0.735666
- 0.735667~0.797686
- 0.797687~0.881642
- 0.881643~0.926029
- 0.926030~1.104155

图6-5 中国大陆地区省、自治区、直辖市基础设施外部性弹性系数

注：笔者绘制。特别强调：台湾、香港、澳门、三沙、澎湖列岛及其附属岛屿，包括钓鱼岛、赤尾屿均是我国神圣而不可分割的领土，但由于数据可得性的原因，本书分析仅限我国大陆地区。

四 本章小结

式6.5所代表的纳什均衡解说明：京津冀三地政府应以基础设施对本地区经济所产生的外部性弹性系数比例为权重，进行建设成本分摊，依此为权重承担建设责任，即成本分摊制。这里的权重也可以理解为地方政府的建设"产权"。三地政府在实际使用外部性弹性系数过程中还应因地制宜地考虑跨界基础设施在不同区域所占面积或长度距离比例因素。

国家区管委可以以此表为区际政府间跨界基础设施共建成本分摊的参照系。

$$E_i = \frac{c_{il} \times d_i}{\sum_{i=1}^{n} c_{il} \times d_i}(B - E_c), n \in (1,31) \tag{6.7}$$

d_i 为跨界基础设施在区域所占面积或长度距离的系数。

例如，假设国家要开工建设首都第二国际机场，总建设资金预算为1600亿元，国家出资800亿元，剩余800亿元应由地方政府分摊。基础设施对北京市区域经济影响的外部性弹性系数为1.029，河北省为1.041（见表6-4）；又因为首都第二国际机场2/3的面积在北京市榆垡镇，1/3的面积在河北省固安县，首都第二国际机场所占河北省面积系数为：$d_h = \frac{1/3}{1/3} = 1$，同理，其所占北京市面积系数为：$d_b = \frac{2/3}{1/3} = 2$；那么：

北京市应出资为：$800 \times \frac{1.029 \times 2}{1.029 \times 2 + 1.041 \times 1} \approx 534$ 亿元，

河北省应出资为：$800 \times \frac{1.041 \times 1}{1.029 \times 2 + 1.041 \times 1} \approx 266$ 亿元。

第七章　基于自然资源资产产权制度改革视角的京津冀生态补偿机制

十八届三中全会明确提出实行资源有偿使用制度和生态补偿制度，坚持使用资源付费和谁污染环境、谁破坏生态谁付费原则，坚持谁受益、谁补偿原则，完善对重点生态功能区的生态补偿机制，推动地区间建立横向生态补偿制度。本章基于自然资源资产产权制度改革的视角，以流域保护为例，通过横向补偿机制达到京津冀生态联防联控的区际纳什均衡。之所以需要补偿，是因为市场失灵，政府的职责在于弥补市场的缺憾，所以补偿机制是一种政府导向的协调机制。

一　京津冀流域生态现状

从全国水资源的角度来看，我国人均可再生淡水资源仅占世界平均水平的1/3，尚不及低收入国家的50%，是一个严重缺水的国家（见表7-1）。从区域水资源的角度来看，截至2011年，北京、天津的人均水资源量不足全国平均水平的1/10，河北是全国平均水平的1/8；按照国际公认的标准，人均水资源量如果低于500立方米就是极度缺水的地区，而京津冀地区，人均水资源量都不足300立方米。[1] 京津冀地区是一个严重缺水的地区。北京和天津的人均水资源量不到全国平均水平的1/10，而河北人均水资源量也仅为217.7立

---

[1] 文魁、祝尔娟：《京津冀发展报告（2013）》，社科文献出版社，2013。

方米，同样远远低于全国的平均水平人均1730.2立方米（见表7-2、图7-1）。

表7-1 世界淡水资源

国家和地区	人均可再生淡水资源（立方米）	淡水消费量			
		占水资源总量的比重(%)	农业用水（%）	工业用水（%）	生活用水（%）
世　　界	6266	7.3	70.3	18.1	11.7
高收入国家	8302	9.4	41.0	42.2	16.8
中等收入国家	5959	7.1	78.6	11.1	10.2
低收入国家	5358	4.3	90.1	2.4	7.5
中　　国	2113	19.5	64.6	23.2	12.2
孟加拉国	714	2.9	87.8	2.2	10.0
柬埔寨	8628	0.5	94.0	1.5	4.5
印　　度	1197	39.8	90.4	2.2	7.4
印度尼西亚	8504	5.6	81.9	6.5	11.6
伊　　朗	1757	67.7	92.2	1.2	6.7
以色列	100	101.9	57.8	5.8	36.4
日　　本	3371	20.9	63.1	17.6	19.3
哈萨克斯坦	4686	28.9	86.6	12.1	1.2
韩　　国	1319	36.5	62.0	12.0	26.0
老　　挝	31151	1.3	93.0	4.0	3.1
马来西亚	20752	2.3	34.2	36.3	29.5
蒙古国	12833	1.4	44.4	31.8	23.8
缅　　甸	21071	2.9	89.0	1.0	10.0
巴基斯坦	323	79.5	94.0	0.8	5.3
菲律宾	5223	17.0	82.2	10.1	7.7
斯里兰卡	2582	24.5	87.3	6.4	6.2

续表

国家和地区	人均可再生淡水资源（立方米）	淡水消费量			
		占水资源总量的比重(%)	农业用水(%)	工业用水(%)	生活用水(%)
泰　　国	3268	13.1	90.4	4.9	4.8
越　　南	4178	9.3	94.8	3.8	1.5
埃　　及	23	119.0	86.4	5.9	7.8
尼日利亚	1431	3.6	53.4	15.1	31.5
南　　非	908	25.0	62.7	6.1	31.2
加 拿 大	84495	1.6	11.8	68.7	19.6
墨 西 哥	3651	17.5	76.7	9.3	14.0
美　　国	9186	15.6	40.2	46.1	13.7
阿 根 廷	6889	4.0	66.1	12.2	21.7
巴　　西	28037	0.7	54.6	17.5	28.0
委内瑞拉	25451	0.7	43.8	7.5	48.7
捷　　克	1254	13.3	1.8	56.5	41.7
法　　国	3090	15.0	12.4	69.3	18.3
德　　国	1306	21.0	0.3	83.9	15.9
意 大 利	3032	23.7	44.1	35.9	20.1
荷　　兰	665	11.7	0.7	87.5	11.8
波　　兰	1405	19.4	9.7	59.6	30.7
俄罗斯联邦	30393	1.5	19.9	59.8	20.2
西 班 牙	2422	29.0	60.5	21.7	17.8
土 耳 其	3160	18.2	73.8	10.7	15.5
乌 克 兰	1153	27.6	51.2	36.4	12.5
英　　国	2346	8.8	9.9	33.0	57.1
澳大利亚	22413	4.6	73.8	10.6	15.6
新 西 兰	75768	1.5	74.3	4.2	21.5

资料来源：世界银行 WDI 数据库（2009）。

表7-2 我国各地区水资源情况（2011年）

单位：亿立方米，立方米

地 区	水资源总量	地表水资源量	地下水资源量	地表水与地下水资源重复量	降水量	人均水资源量
北 京	26.8	9.2	21.2	3.5	90.6	134.7
天 津	15.4	10.9	5.2	0.7	70.7	116.0
河 北	157.2	69.8	126.2	38.9	925.9	217.7
山 西	124.3	76.6	95.0	47.3	940.9	347.0
内蒙古	419.0	298.2	213.4	92.5	2741.2	1691.6
辽 宁	294.8	260.5	111.9	77.6	868.7	673.2
吉 林	315.9	262.9	112.9	59.9	939.3	1149.5
黑龙江	629.5	512.5	237.2	120.3	2072.5	1642.0
上 海	20.7	16.2	7.4	2.9	56.0	89.1
江 苏	492.4	399.0	115.1	21.7	1031.7	624.6
浙 江	745.0	733.3	184.2	172.5	1470.0	1365.7
安 徽	602.1	544.2	143.5	85.6	1484.6	1009.8
福 建	774.9	773.5	243.4	242.1	1680.2	2090.5
江 西	1037.9	1018.9	315.2	296.3	2176.4	2319.1
山 东	347.6	237.5	195.9	85.8	1171.8	361.6
河 南	328.0	222.5	191.8	86.3	1218.6	349.0
湖 北	757.5	725.4	251.9	219.8	1837.0	1319.1
湖 南	1126.9	1120.7	279.9	273.7	2226.9	1711.9
广 东	1471.3	1461.3	362.1	352.1	2594.5	1404.8
广 西	1350.0	1350.0	271.2	271.2	3002.7	2917.4
海 南	484.1	478.8	111.6	106.3	776.4	5545.6
重 庆	514.6	514.6	98.3	98.3	899.7	1773.3
四 川	2239.5	2238.3	578.2	577.1	4314.1	2782.9
贵 州	624.3	624.3	216.4	216.4	1445.6	1797.3
云 南	1480.2	1480.2	548.1	548.1	3775.4	3206.5
西 藏	4402.7	4402.7	990.9	990.9	7069.4	145779.8

续表

地区	水资源总量	地表水资源量	地下水资源量	地表水与地下水资源重复量	降水量	人均水资源量
陕西	604.4	575.5	164.3	135.4	1749.1	1616.6
甘肃	242.2	233.0	129.3	120.1	1193.9	945.4
青海	733.1	715.1	331.1	313.1	2417.5	12956.8
宁夏	8.8	6.9	21.6	19.7	146.9	137.7
新疆	885.7	841.0	540.2	495.5	2745.0	4031.3
全国	23256.8	22213.5	7214.6	6169.6	55134.2	1730.2

资料来源：国家统计局《环境统计数据 2011》。

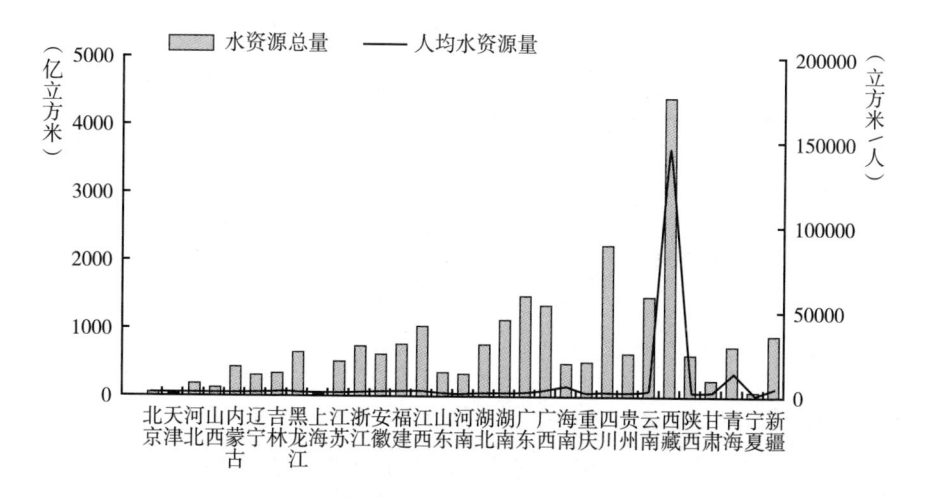

图 7-1 我国各区域水资源比较（2011）

注：笔者根据表 7-2 绘制。

近年来京津冀地区水量超用情况严重。2006 年以来京津冀地区用水量超用 46.63%，其中，北京地区超用 54.70%，天津地区超用 131.83%，河北地区超用 38.68%；京津冀地区开采量超采 48.37%，其中，北京地区超采 29.40%，天津地区超采 41.52%，河北地区超采 51.94%。京津周边河北各市的用水超用状况如表

7-3所示。相对当地多年平均水资源总量,唐山、廊坊、保定和沧州地区的用水总量分别超用74.50%、80.53%、71.01%和31.03%,地下水开采量分别超采37.31%、82.40%、63.76%和73.71%(见表7-3)。张家口、承德地区的用水总量和地下水开采量总体尚未超用,但是平原的局部地区地下水超采比较严重。在北京,我们喝的每4杯水中,可能有3杯就来自地下。河北沧州,地下水水位与新中国成立初期相比,下降了110~120米;而在华北平原的大部分地区,地下水水位年平均下降1米左右。现在,北京市每年有3/4的饮用水要靠地下水提供,另1/4是水库蓄水。[1]

表7-3 京津周边河北各地市行政区现状用水量超用状况

行政分区	总水资源情势			地下水资源情势		
	多年平均水资源总量(亿立方米)	现状用水总量(亿立方米/年)	超用比率(%)	多年平均地下水资源量(亿立方米)	现状地下水开采量(亿立方米/年)	超采比率(%)
张家口	13.9	11.48	-17.41	12.2	7.96	-34.75
承 德	16.9	9.89	-41.48	12.3	6.02	-51.06
唐 山	16.0	27.92	74.50	14.5	19.91	37.31
廊 坊	5.7	10.29	80.53	5.0	9.12	82.40
保 定	18.2	31.11	71.01	16.9	27.74	63.76
沧 州	9.9	13.03	31.62	6.2	10.77	73.71
全国平均	62.4	72.61	16.36	50.2	53.78	7.13

资料来源:中国地质调查局:《华北平原水资源可持续利用调查评价》,地质出版社,2009。

---

[1] http://finance.sina.com.cn/china/dfjj/20130220/155214596383.shtm

第七章 基于自然资源资产产权制度改革视角的京津冀生态补偿机制

从区域废水排放的角度来看，在京津冀地区，河北省是污染大户，废水排放的主要污染指标均在全国排名靠前（见图7-2~7-7）。2012年，废水排放量大于30亿吨的省份共7个，依次为广东、江苏、山东、浙江、河南、河北、湖南，7个省份废水排放总量为335.1亿吨，占全国废水排放量的48.9%，其中河北位列第6。

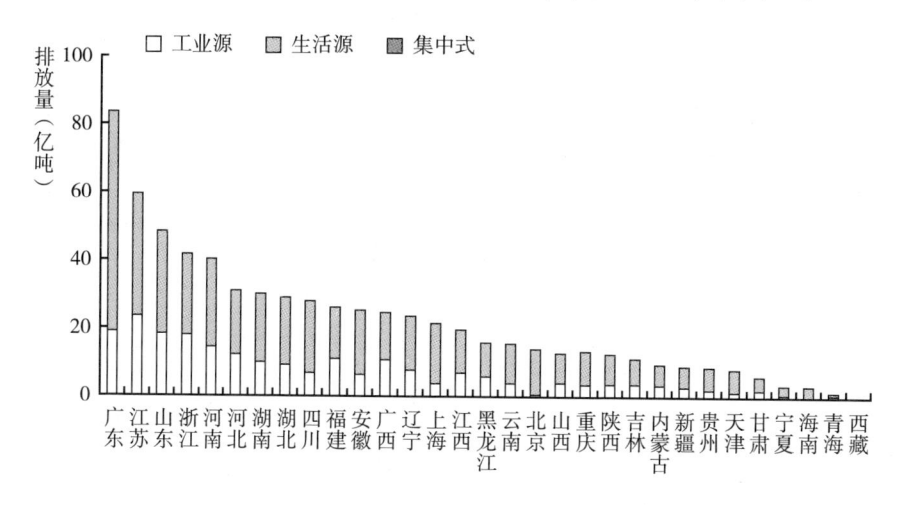

图7-2 我国各区域废水排放情况（2012）

2012年，化学需氧量排放量大于100万吨的省份有10个，依次为山东、广东、黑龙江、河南、河北、辽宁、四川、湖南、江苏和湖北，10个省份的化学需氧量排放量为1408.7万吨，占全国化学需氧量排放量的58.1%（见图7-3）。农业化学需氧量排放量列前3位的依次是山东、黑龙江和河北，分别占全国农业化学需氧量排放量的11.6%、9.1%和8.0%。

2012年，氨氮排放量大于10万吨的省份有11个，依次为广东、山东、湖南、江苏、河南、四川、湖北、浙江、河北、辽宁和安徽，11个省份的氨氮排放量为156.3万吨，占全国氨氮排放量的61.6%（见图7-4）。工业氨氮排放量列前3位的依次为湖南、江苏和河北，分别占全国工业氨氮排放量的9.8%、6.2%和6.0%。

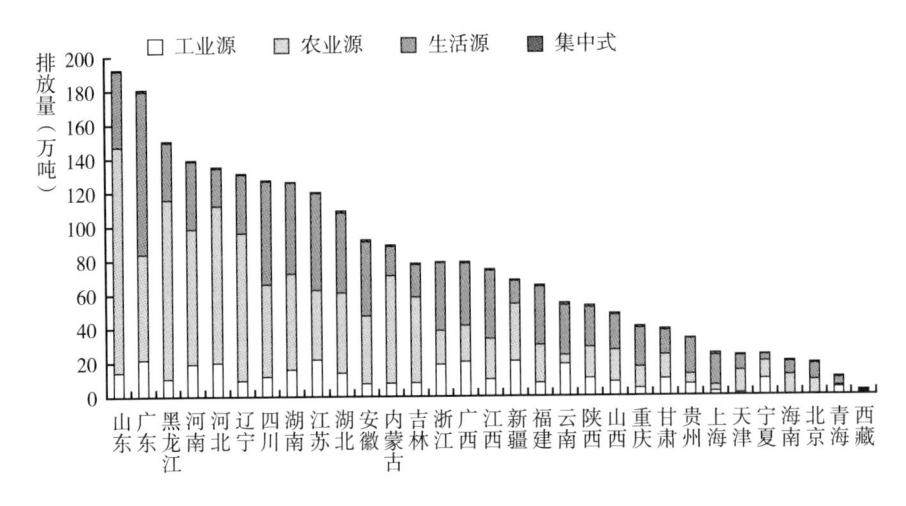

图 7-3 我国各区域化学需氧量排放情况（2012）

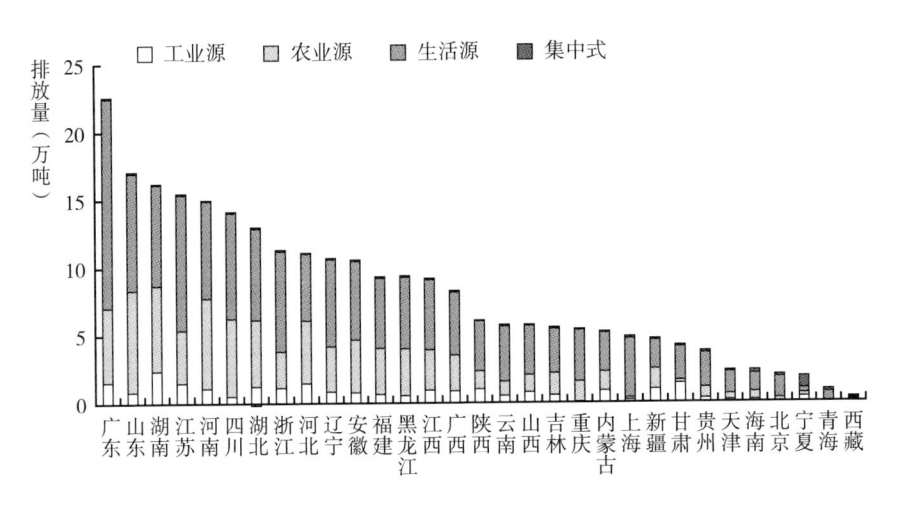

图 7-4 我国各区域氨氮排放情况（2012）

2012年，工业废水中石油类排放量大于700吨的省份有10个，依次为江苏、山西、河南、山东、河北、湖北、内蒙古、湖南、陕西和安徽，其中河北列第5位。10个省份的石油类排放量为9594.0吨，占全国工业废水石油类排放量的55.4%（见图7-5）。

2012年，工业废水中挥发酚排放量大于100吨的省份有4个，

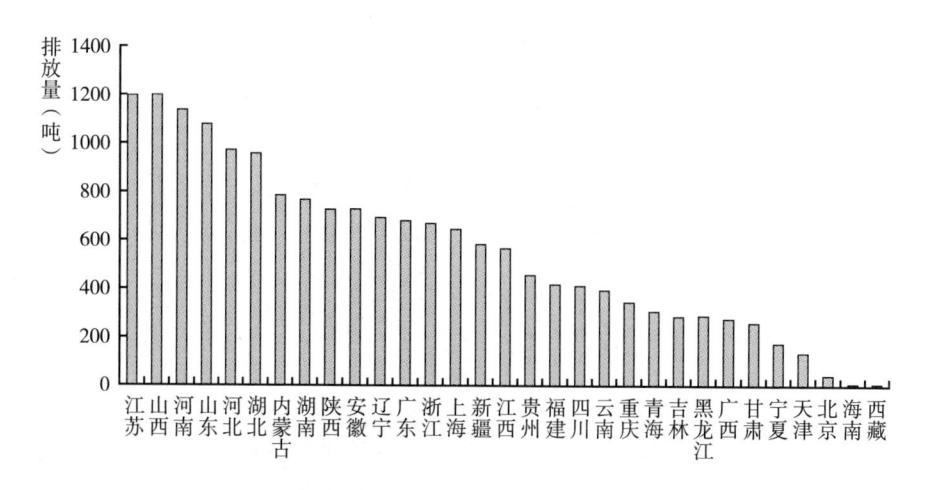

图 7-5　我国各区域工业废水石油类排放情况（2012）

依次为山西、内蒙古、河南、河北，其中河北列第 4 位。4 个省份的挥发酚排放量为 1197.4 吨，占全国挥发酚排放量的 81%（见图 7-6）。

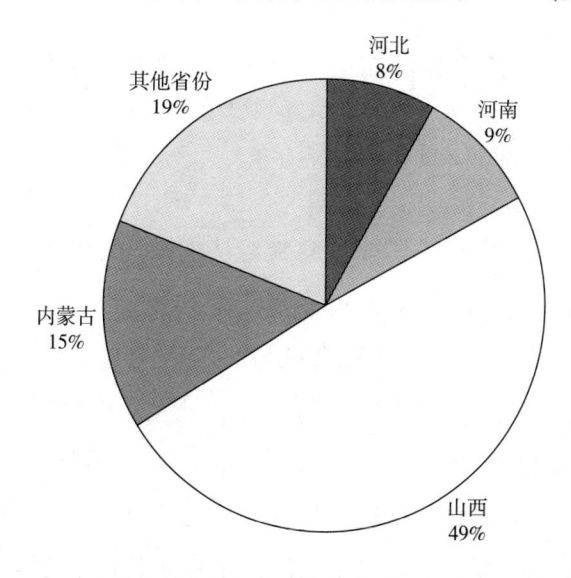

图 7-6　我国各区域工业废水挥发酚排放情况（2012）

2012 年，工业废水中氰化物排放量大于 10 吨的省份有 6 个，依次为山西、河南、江苏、湖南、河北和广东，其中河北列第 5

位。6个省份的氰化物排放量为96.8吨，占全国氰化物排放量的57.0%。

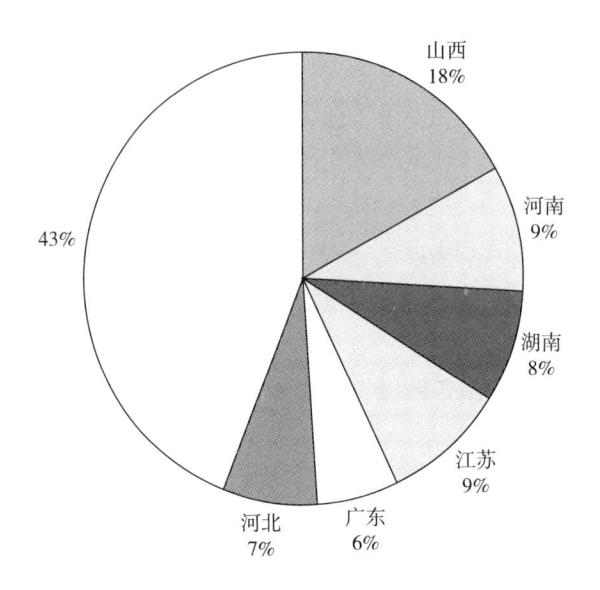

图7-7 我国各区域工业废水氰化物排放情况（2012）

注：图7-2~7-7为笔者绘制。
资料来源：《2012年环境统计年报》。

根据库兹涅茨提出的环境污染与经济增长呈现倒"U"形曲线关系，在经济发展初期，环境污染逐步累积，到了经济发展中期，环境污染程度达到顶峰，而随着经济发展到一定程度，由于治理能力不断加强，环境污染程度开始下降。河北省尚处在工业化进程的中期，在京津冀地区属于经济相对落后地区，所以污染也相对严重。

从水系的角度来看，京津冀地区流域水系主要属于海河水系。北京有大小河流100多条，分属于海河流域的五大水系（永定河、蓟运河、北运河、大清河、潮白河）。海河水系与我国其他水系相比，水资源总量较低，降水偏少（见表7-4），这从一个侧面反映了京津冀地区水资源紧缺的严重程度。

表 7-4　我国各流域水资源情况（2011）

单位：亿立方米

流域片	水资源总量	地表水资源量	地下水资源量	地表水与地下水资源重复量	降水量
松花江区	1177.4	987.3	420.5	230.3	4070.5
松花江	769.5	615.7	309.3	155.6	2626.3
辽河区	410.0	332.1	179.8	101.9	1481.0
辽河	183.4	110.9	123.8	51.3	882.3
海河区	297.9	135.9	237.3	75.4	1658.5
海河	248.6	102.8	205.4	59.6	1390.8
黄河区	739.4	620.9	411.2	292.7	3888.5
淮河区	892.6	643.3	399.0	149.7	2672.8
淮河	750.2	533.1	328.2	111.1	2194.3
长江区	7837.6	7713.6	2138.0	2014.1	16603.3
太湖	193.8	173.6	43.8	23.5	412.6
东南诸河区	1423.0	1414.7	392.6	384.2	2909.1
珠江区	3692.2	3676.8	862.7	847.4	7420.0
珠江	2349.7	2345.5	560.0	555.9	5020.5
西南诸河区	5386.0	5386.0	1311.9	1311.9	8682.7
西北诸河区	1400.6	1303.0	861.4	763.8	5746.6
全国	27751.9	26095.2	7214.5	6171.4	55132.9

资料来源：《2011 年中国水资源公报》。

根据环保部公布的《2011 年中国环境状况公报》，海河水系总体为中度污染，主要污染指标为化学需氧量、五日生化需氧量和总磷；63 个国控断面中，Ⅰ～Ⅲ类、Ⅳ～Ⅴ类和劣Ⅴ类水质断面比例分别为 31.7%、30.2% 和 38.1%。海河干流 2 个国控断面中，Ⅳ类和劣Ⅴ类水质断面各 1 个，主要污染指标为总磷、化学需氧量和氨氮。海河水系其他主要河流总体为中度污染，主要污染指标为化学需氧量、五日生化需氧量和石油类；6 个国控断面中，Ⅰ～Ⅲ类、Ⅳ～Ⅴ类和劣Ⅴ类水质断面比例分别为32.8%、29.5%和37.7%；其中，永定河水质为优，滦河和淋河水质良好，漳卫新河为中度污染，大沙河、子牙新河、徒骇河、北运河和马颊河为重度污染。[1]由于流域水系的水质污染，拱卫首都的几大水库也面临着巨大威胁。官厅水库已不能作为饮用水源，仅用于工业用水、农业灌溉以及补充城市河湖用水。密云水库的水也开始有富营养化的趋势。

综上所述，京津冀地区流域生态日趋恶化，主要表现为水资源短缺、流域水质污染严重、水库萎缩、地下水过度开采等；究其原因，这与京津冀流域生态联防联控措施不到位，未建立起横向生态补偿的长效机制密切相关。

二 京津冀流域生态联防联控与财政横向转移支付

解决京津冀地区流域生态日趋恶化的问题需要京津冀三地政府群策群力，统一思想，打破"一亩三分地"的固化思维，实施环境治理的联防联控措施。承德市和张家口市是京津流域水系的上游，是首都的北部生态屏障，所以在京津冀流域生态联防联控中河北省的重点区域是其北部。河北省在区域分工中应按照2011年10月28日，环保部印发的关于《全国地下水污染防治规划（2011~2020年）》的通知，以及2012年5月16日，环保部、国家发展和改革委员会、财政部、水利部联合印发的关于《重点流域水污染防治规划（2011~2015年）》的通知精神[2]，以水源涵养区与水源地保护为重点构建区际生态安全体系；并根据区域环境容量特点，建立以城镇（片区）

---

[1] 中国环保部《2011年中国环境状况公报》。
[2] 中华人民共和国环境保护部官方网站。

第七章 基于自然资源资产产权制度改革视角的京津冀生态补偿机制

污水处理厂为核心,产业点源控制、面源污染控制、河道治理为重点内容的水污染综合整治体系。实际上,河北为了保障首都北京饮水安全已经投巨资改善生态环境,限制本地区的工农业发展,制约了当地的经济发展和技术进步,形成了环首都贫困带,而北京每年对河北的生态补偿远远不足以弥补上游张家口和承德的损失。承德市1990~2000年十年间在此方面的投入就超过20亿元,每年投入近2亿元,仅宣化造纸厂的关闭就使当地每年损失利税5000多万元,致使3000多职工下岗。由于北京、天津对河北的横向生态补偿不足以及河北自身经济发展水平的限制引致河北污水处理厂及配套管线建设相对滞后,京津冀流域生态环境联防联控措施落实不到位,环境污染问题未能得到根本解决。为了切实提高京津冀地区水资源承载力,保护流域生态,还子孙后代山清水秀的生存环境,迫切需要京津冀地方政府间加强区域协调,通过建立横向生态补偿机制,合理配置上下游水资源,足额补偿河北,实现流域生态的共建共享、环境保护的联防联控。

北京市应联合天津市通过财政横向转移支付设立京津冀流域生态补偿专项基金,通过补偿机制,激励河北省大力进行流域治理,支持密云水库、官厅水库上游流域发展节水产业,推广节水技术,进行水质监测、水源污染治理、河道治理等。当然,区际生态补偿也不能是单一的横向财政转移支付这一"输血"方式;由于受偿方多为贫困地区,北京市、天津市应通过补偿专项基金,指导援助承德、张家口地区发展节能环保、生态旅游、有机农业、绿色煤化工、清洁能源产业等循环经济、低碳经济,鼓励当地居民承担生态建设项目,实现"输血"功能向"造血"功能转变,利用市场机制,引导承德、张家口地区产业升级转型,增加当地居民收入。环境保护是一项长期艰苦的攻坚战,区际流域生态联防联控更是如此;生态补偿如果不能形成一个长效机制则很有可能半途而废并且伴随道德风险,而长效的生态补偿机制应该是一种受到法律保护的契约。这种长期契约有利于规避道德风险，统筹上下游需求。本章下一节将重点研究如何构建区际生态补偿的长效机制。

三 区际生态补偿机制

（一）补偿原理

《新帕尔格雷夫经济学大辞典》对补偿原理（compensation Principle）的解释是，"所谓补偿原理是指这样一种原理，即当我们比较某一特定人群所处的两种可以替代的状况时，如果受益者有可能补偿受损者的损失，而受益者状况至少与其初始状态一样好的话，则后一种状况就构成对前一种状况的改善"。这实际上是一种帕累托标准，即补偿原理是一个区域承担的负外部性的边际成本等于另一区域制造负外部性带来的边际收益。换言之，北京由于河北进行水源保护而产生的正外部性边际收益要等于北京对河北进行环境补偿的边际成本。

如前文所述，京津冀区际生态补偿机制是一种契约。契约也称为合约、合同。契约是一项协议，即两个愿意交换产权的主体所达成的合约。艾格特森说过："转移或让渡消费品、服务或生产性资产的产权，无论是暂时的还是长久的，都通过契约方式来完成，契约规定了交换的条款。契约的概念是新制度经济学的核心。"京津冀区际流域生态补偿原理也可以理解为这样一种契约或合同，即在财政横向转移支付形式下的最优水权交易；它遵循谁受益谁补偿的原则。

（二）生态补偿的区际纳什均衡

本书借鉴委托—代理模型设计京津冀区际生态补偿机制。Wilson（1969），Spence 和 Zeckhauser（1971），Ross（1973）最初使用了委

第七章 基于自然资源资产产权制度改革视角的京津冀生态补偿机制

托—代理理论的模型化方法：状态空间模型化方法（state-space formulation）。M. Jenson 和 W. H. Mecking（1976）认为委托—代理关系是这样一种明显或隐含的契约关系：在这种契约下，一个人或更多的行为主体（即代理人）为其提供服务，并授予其某些决策权，委托人根据代理人提供的服务数量和质量支付相应的报酬。Myerson（1979）的显示原理说的是，任何一个机制所能达到的配置结果都可以通过一个（说实话的）直接机制实现；因此，委托人可以只考虑直接机制的设计。Arrow, K.（1985）提出委托—代理问题可以区分为道德风险和逆向选择两种类型。道德风险是指代理人利用事后信息的非对称性作出不利于委托人的行为；逆向选择是指代理人利用事前信息的非对称性作出不利于委托人的行为。张可云、吴瑜燕（2008）提出了一个北京与周边地区基于水资源保护的区域合作机制。李炜、田国双（2012）基于主体功能区的视角，将智猪博弈模型引入我国区域生态补偿机制研究中，发现博弈的纳什均衡是经济发达的优化开发区会承担提供全部生态公共产品的责任，而经济落后的限制开发区则坐享其成。徐大伟、涂少云、常亮、赵云峰（2012）基于演化博弈的方法研究流域生态补偿机制，认为我国流域生态补偿需要中央政府的适度干预并且保证上游地方政府的利益最大化。

本书以对官厅水库[①]上游流域（洋河）的生态联防联控为例设计区际流域生态补偿机制。假设在京津冀区际流域生态补偿机制中只有河北、北京两个参与人。北京称为委托人，委托河北对官厅水库上游流域（洋河）[②]进行污染治理，河北则称为代理人。北京不能直接观

---

① 洋河位于官厅水库的上游流域，流经河北张家口。官厅水库位于河北省张家口市和北京市延庆县界内，于1951年10月动工，1954年5月竣工，是新中国成立后建设的第一座大型水库；主要水流为河北怀来永定河，水库运行40多年来，在防洪、灌溉、发电方面发挥了巨大作用。官厅水库曾经是北京主要供水水源地之一。20世纪80年代后期，库区水受到严重污染，90年代水质继续恶化，1997年水库被迫退出城市生活饮用水体系。

② 官厅水库上游有多条河流，包括洋河、桑干河、妫水河等。

测到河北的治污行动，只能观测到洋河的水质，水质级别由河北的行动和其他外生的随机因素共同决定。北京的问题是如何根据这些观测到的信息设计契约合同来补偿或惩罚河北，以激励其选择对北京最有利的行动——大力进行流域生态治理。

令 x 代表代理人河北的努力水平，θ 是洋河的水质级别，$g(\theta)$ 是 θ 的密度函数。θ 决定 $x(\theta)$ 和产出 $\pi(\theta)$，这里的 π 实际上就是本书涉及的 GEP，其中 π 的所有权属于委托人北京。本书假定 π 是 θ 的严格增函数（即水质级别越高，产出越高）。$S(x)$ 是委托人（北京）为代理人（河北）设计的激励合同，c 为河北的治污成本。北京和河北的期望效用函数分别为 $v[\pi-s(x)]$ 和 $u[s(\pi)]-c$。其中 $v'>0$，$v''\leqslant 0$；$u'>0$，$u''\leqslant 0$，即北京和河北作为政府层面都是风险规避者或风险中性者。北京可以监测到洋河的水质级别 θ，则可以判断河北的治污水平 x，进而推算出 π。为了简化研究，模型可以将 x 看作 π，即 $x=\pi$。北京需要设计 $S(\pi)$，通过生态补偿，以达到期望效用最大化。

$$max \int v\Big(\pi(\theta)-s\big(\pi(\theta)\big)\Big)g(\theta)d\theta \qquad (7.1)$$

$$s.t. \int u\Big(s\big(\pi(\theta)\big)\Big)g(\theta)d\theta - c \geqslant \bar{u} \qquad (7.2)$$

$\bar{u}$ 表示河北不接受合同时能得到的最大期望效用，求解纳什均衡条件，构造拉格朗日函数如下：

$$L = \int v\Big(\pi(\theta)-s\big(\pi(\theta)\big)\Big)g(\theta)d\theta + \lambda\Big[\int u\Big(s\big(\pi(\theta)\big)\Big)g(\theta)d\theta - c - \bar{u}\Big]$$
$$(7.3)$$

对 $s(\pi(\theta))$ 求最优化一阶条件为：

第七章 基于自然资源资产产权制度改革视角的京津冀生态补偿机制

$$L' = \left\{ \int \frac{v\Big(\pi(\theta) - s\big(\pi(\theta)\big)\Big) g(\theta) ds\big(\pi(\theta)\big)}{s\big(\pi(\theta)\big)} \right.$$

$$\left. + \lambda \left[\int \frac{u\Big(s\big(\pi(\theta)\big)\Big) g(\theta) ds\big(\pi(\theta)\big)}{s\big(\pi(\theta)\big)} - c - \bar{u} \right] \right\} = 0 \quad (7.4)$$

$$\frac{v\Big(\pi(\theta) - s\big(\pi(\theta)\big)\Big) g(\theta)}{s\big(\pi(\theta)\big)} + \lambda \left[\frac{u\Big(s\big(\pi(\theta)\big)\Big) g(\theta)}{s\big(\pi(\theta)\big)} \right] = 0 \quad (7.5)$$

$$v\Big(\pi(\theta) - s\big(\pi(\theta)\big)\Big) + \lambda \Big[u\Big(s\big(\pi(\theta)\big)\Big) \Big] = 0 \quad (7.6)$$

为了求得边际替代率，继续对 $s(\pi(\theta))$ 求导：

$$-v'\Big(\pi(\theta) - s^*\big(\pi(\theta)\big)\Big) + \lambda u'\Big(s^*\big(\pi(\theta)\big)\Big) = 0 \quad (7.7)$$

$$\lambda = \frac{v'\Big(\pi(\theta) - s^*\big(\pi(\theta)\big)\Big)}{u'\Big(s^*\big(\pi(\theta)\big)\Big)} \quad (7.8)$$

这里拉格朗日成数 λ 是一个常数。上述最优条件意味着，委托人与代理人收入的边际效用之比应该等于一个常数，与产出 π 无关。如果 π_1 和 π_2 是任意两个产出水平，那么下列等式应该满足：

$$\frac{v'\Big(\pi_1(\theta) - s^*\big(\pi_1(\theta)\big)\Big)}{u'\Big(s^*\big(\pi_1(\theta)\big)\Big)} = \frac{v'\Big(\pi_2(\theta) - s^*\big(\pi_2(\theta)\big)\Big)}{u'\Big(s^*\big(\pi_2(\theta)\big)\Big)} \quad (7.9)$$

$$\frac{v'\big(\pi_1(\theta) - s^*\big(\pi_1(\theta)\big)\big)}{v'\big(\pi_2(\theta) - s^*\big(\pi_2(\theta)\big)\big)} = \frac{u'\big(s^*\big(\pi_1(\theta)\big)\big)}{u'\big(s^*\big(\pi_2(\theta)\big)\big)} \quad (7.10)$$

就是说，在最优条件下，不同收入状态下的边际替代率对委托人和代理人是相同的，如式7.10。这是典型的区际纳什均衡。

综上所述，京津冀区际流域生态补偿机制是：北京市通过财政横向转移支付建立生态补偿专项基金，根据观测到的上游水质级别 θ 判断河北的治污努力程度 x，对河北进行奖惩，帕累托最优风险分担可以实现。就是说，契约合同可以建立在行动上，从而激励相容约束是多余的，因为北京可以设计任意的"强制合同"：如果河北选择治污努力程度 x^*，使水质符合北京要求的标准 θ^*，北京将付河北 $s = s^*$；否则，北京将付河北 $s < s^*$，即：

$$S = \begin{cases} s^*(\pi) = s^*\big(\pi(\theta)\big), \theta \geqslant \theta^* \\ s, \theta < \theta^* \end{cases} \quad (7.11)$$

只要 s 足够小，河北绝不会选择 $\theta < \theta^*$。s 足够小，意味着 s 可以为负，为负则是一种惩罚机制，以一种罚款的形式出现。换言之，当洋河水质在合同规定的级别以上时，北京补偿河北；当水质在合同规定的级别以下时，北京对河北进行惩罚，即京津冀区际流域生态补偿机制是双向的。双向机制借鉴了污染者付费原则（PPP）和受益者付费原则（BPP）。当北京对河北的补偿力度大于河北治污的机会成本时，河北会愿意与北京签订合同。合同一旦签订便具备法律效力、刚性约束和可强制执行性。天津可以类比北京。

θ 可以分为五类。委托人可以用富有弹性的补偿指标来约束代理人的行为，避免受偿地区出现路径依赖。2002年4月26日国家环保部公布了《地表水环境质量标准》（GB3838-2002），依据地表水水域环境功能和保护目标，按功能高低依次划分为五类（见表7-5）：Ⅰ类，主要适用于源头水、国家自然保护区；Ⅱ类，主要适用于集中式生活饮用水地表水源地一级保护区、珍稀水生生物栖息地、鱼虾类产卵场、仔稚幼鱼的索饵汤等；Ⅲ类，主要适用于集中式生活饮用水地表水源地二级保护区、鱼虾类越冬场、洄游通道、水产养殖区等渔业水域及游泳区；Ⅳ类，主要适用于一般工业用水区及人体非直接接触的娱乐用水区；Ⅴ类，主要适用于农业用水区及一般景观要求水域。

表7-5 地表水环境质量标准基本项目标准限值

单位：mg/L

序号	项目 \ 分类	Ⅰ类	Ⅱ类	Ⅲ类	Ⅳ类	Ⅴ类
1	水温($c°$)	人为造成的环境水温变化应限制在：周平均最大温升≤1　周平均最大温降≤2					
2	PH值(无量纲)	6——9				
3	溶解氧≥	饱和率90%（或7.5）	6	5	3	2
4	高锰酸盐指数≤	2	4	6	10	15
5	化学需氧量(COD)≤	15	15	20	30	40
6	五日生化需氧量(BOD5)≤	3	3	4	6	10
7	氨氮(NH_3-N)≤	0.15	0.5	1.0	1.5	2.0
8	总磷(以P计)≤	0.02	0.1	0.2	0.3	0.4
9	总氮(湖、库、以N计)≤	0.2	0.5	1.0	1.5	2.0
10	铜≤	0.01	1.0	1.0	1.0	1.0
11	锌≤	0.05	1.0	1.0	2.0	2.0

续表

序号	项目\分类	I类	II类	III类	IV类	V类
12	氟化物(以F⁻计)≤	1.0	1.0	1.0	1.5	1.5
13	硒≤	0.01	0.01	0.01	0.02	0.02
14	砷≤	0.05	0.05	0.05	0.1	0.1
15	汞≤	0.00005	0.00005	0.0001	0.0001	0.0001
16	镉≤	0.001	0.005	0.005	0.005	0.01
17	铬(六)≤	0.01	0.05	0.05	0.05	0.1
18	铅≤	0.01	0.01	0.05	0.05	0.1
19	氰化物≤	0.005	0.05	0.2	0.2	0.2
20	挥发酚≤	0.002	0.002	0.005	0.01	0.1
21	石油类≤	0.05	0.05	0.05	0.5	1.0
22	阴离子表面活性剂≤	0.2	0.2	0.2	0.3	0.3
23	硫化物≤	0.05	0.1	0.5	0.5	1.0
24	粪大肠菌群(个/L)≤	200	2000	10000	20000	40000

资料来源：《地表水环境质量标准》(GB3838-2002)。

京津冀区际生态补偿机制的建立基于国家对水流、森林、山岭、草原、荒地、滩涂等自然生态空间进行统一确权登记，形成归属清晰、权责明确、监管有效的自然资源资产产权制度。为保证协调机制切实发挥效用，应以合同契约的形式设计补偿机制，赋予机制法律效力，保证机制的可执行性和刚性约束力。京津冀区际流域生态补偿机制在具体执行过程中，可以由水利部合理测算水域流量，由环境保护部作为跨界断面水质监测机构，由国家区域管理和协调委员会作为第三方监督机构，根据不同的水质类别对应制定级差补偿价格，在流域水资源产权归属清晰的前提下，监督补偿合同的履行。此外，国家还可以建立全国统一的水权交易所，作为京津冀区际流域生态补偿机制具体执行的平台。

（三）补偿合同

补偿合同模板如下：
委托方：北京市人民政府
代理方：河北省人民政府
一、委托内容

北京市人民政府委托河北省人民政府对官厅水库上游洋河流域进行生态治理，以每季末最后一日为观测时点，以洋河跨界断面水质为计量标的，按照当季洋河流入官厅水库流量为计量单位，以京发改〔2004〕1517号规定的居民用水污水处理价格为参考价格，于每季末最后一日向河北省人民政府支付补偿金或收缴罚金。当洋河的水质级别达到Ⅰ类时，北京市按照1.04元/每立方米补偿河北省；当洋河的水质级别达到Ⅱ类，北京市按照0.5元/每立方米补偿河北省；当洋河的水质级别达到Ⅲ类，北京市不补偿河北省；当洋河的水质级别达到Ⅳ类，河北省按照0.5元/每立方米向北京市缴纳罚款；当洋河的水质级别达到Ⅴ类，河北省按照1.04元/每立方米向北京市缴纳罚款。

二、合同的执行与监督

中华人民共和国水利部作为水域流量测算机构，中华人民共和国环境保护部作为跨界断面水质监测机构，国家区域管理和协调委员会作为第三方监督机构，监督补偿金或罚金实际支付情况。

本合同未尽事宜由双方政府依据中华人民共和国相关法律协商解决。

三、违约责任

甲乙双方若有未执行本合同之情形时，均同意由国家区域管理和协调委员会在不违反法律规定之范围内进行仲裁并执行仲裁结果。

四、合同生效

此合同自签订之日起生效。

五、合同日期

委托方：　　　　　　　　　　　代理方：

四　本章小结

京津冀区际流域生态补偿机制是：北京市通过财政横向转移支付建立生态补偿专项基金，根据观测到的上游水质级别 θ 判断河北的治污努力程度 x，对河北进行奖惩，帕累托最优风险分担可以实现。就是说，契约合同可以建立在行动上，从而激励相容约束是多余的，因为北京可以设计任意的"强制合同"：如果河北选择治污努力程度 x^*，使水质符合北京要求的标准 θ^*，北京将付河北 $s=s^*$；否则，北京将付河北 $s<s^*$，即：

$$S = \begin{cases} s^*(\pi) = s^*\left(\pi(\theta)\right), \theta \geqslant \theta^* \\ s, \theta < \theta^* \end{cases}$$

只要 s 足够小，河北绝不会选择 $\theta<\theta^*$。s 足够小，意味着 s 可以为负，为负则是一种惩罚机制，以一种罚款的形式出现。换言之，当洋河水质在合同规定的级别以上时，北京补偿河北；当水质在合同规定的级别以下时，北京对河北进行惩罚，即京津冀区际流域生态补偿机制是双向的。双向机制借鉴了污染者付费原则（PPP）和受益者付费原则（BPP）。当北京对河北的补偿力度大于河北治污的机会成本时，河北会愿意与北京签订合同。合同一旦签订便具备法律效力、刚性约束和可强制执行性。天津可以类比北京。

第八章　结论与对策反思

一　结论

建立京津冀协同发展机制的关键是协调三地之间的经济利益。本书站在政府的层面，仅研究三地之间的经济利益协调。如无特殊说明，本书所涉及的区际利益均指区际经济利益。本章将结论分为定性结论与定量结论两部分。其中定量部分得出的结论是动态化的；换言之，由于经济数据每年都会发生变化以及空间权重矩阵设定方法的不同，区位边际贡献率和基础设施外部性弹性系数也会发生变化。

（一）定性结论

区际经济利益非均衡是京津冀区域协同发展面临的核心矛盾，具体表现在京津冀产业同构与恶性竞争、区际市场分割与地方保护、区际公共物品供给不足、贫富分化与生态恶化、政绩竞争与重复建设等方面。造成区际经济利益非均衡的直接原因是区域经济一体化的客观要求同行政边界刚性约束的矛盾，根本原因是地方政府的有限理性和市场的不完全性。本书的理论意义旨在突破行政边界刚性约束的羁绊，冲破地方政府利益固化的藩篱，以经济的内在联系设计京津冀协同发展机制，达到区际纳什均衡。

2004年，京津冀地区明显的经济空间集聚现象仅发生在西城区、海淀区、朝阳区、滨海新区、唐山、廊坊等个别区域，而到了2012年，经济的空间集聚发生在海淀、朝阳、东城、西城、丰台、石景山、昌平、顺义、通州、大兴、固安、廊坊、武清、北辰、河东、河西、河北、和平、南开、红桥、东丽、西青、津南、宝坻、滨海新区、唐山、遵化、迁西、迁安、秦皇岛、承德、石家庄、保定等多个区域。八年的时间，京津冀地区经济空间溢出效应明显。京津冀地区的经济空间溢出效应已经突破了行政边界，如果再基于行政边界研究区际利益分配与协调，可能并不十分合理，而是亟须建立能够突破行政边界刚性约束的协调机制。经济的空间溢出是区域经济的客观规律。它说明了区际协调需要突破行政边界羁绊的必要性。

京津冀协同发展机制的目标是缩小区际差距，实现区域经济一体化发展，加速区域发展规划的落实。这里的区际差距包括区域间收入差距、就业差距、社会保障水平差距、诱发科技创新能力差距和城乡发展失衡等。

区际经济利益强调区际关系，它侧重于经济利益的再分配。区际经济利益是指特定的省（自治区、直辖市）从其他省（自治区、直辖市）或国家获得的排他性收益，属于社会福利再分配范畴；是生产要素不完全流动性，市场不完全竞争性，地方政府不完全理性所表现出的空间优势。区际经济利益具体表现为产业区际转移税收分享、区际基础设施共建成本分摊、区际生态补偿等。区域考核指标一体化是京津冀协同发展机制突破行政边界羁绊的前提条件。区域考核指标一体化包含双层含义：除了同一都市圈内不同区域的考核指标一体化外，还包括都市圈内经济、环境、资源考核指标一体化。

京津冀协同发展机制是以专门联合委员会制度为协调形式的一种区际利益让度与分配的长效机制，是解决区际利益争端的规则，是地方政府间的合同，是一类利益分配函数，是一个区际利益再分配的过程；在此过程中，区际利益协调权威机构被国家授权对各个利益主体的立场加以评定，并作出对各方在执行过程中具有法律约束力的量化仲裁决定。区际利益协调属于社会福利再分配范畴，所以区际利益均衡也是区际利益再分配均衡。

第八章 结论与对策反思

区际利益协调是一场博弈，博弈的主体是地方政府。京津冀协同发展机制不需要每个利益博弈主体所采取的策略在任何情况下均是最优的，只要博弈主体的策略是在对手采取策略基础上的最优策略，则区际纳什均衡是京津冀协同发展机制突破行政边界羁绊的理论基础。区际纳什均衡是指区际利益分配中每个博弈主体都不能也不想单方面改变自己的策略而增加收益；每个博弈主体所选策略均是对其他博弈对手所选策略的最佳利益分配。换言之，要想突破行政边界刚性约束的羁绊，冲破地方政府利益固化的藩篱，在不完全竞争市场中实现区际利益协调，就要找到区际纳什均衡点。区际纳什均衡是一个"对大家都好的"多赢策略。区际纳什均衡是各省（自治区、直辖市）间相互让渡利益的结果；区域考核指标一体化是区际纳什均衡达到帕累托最优状态的前提条件；当且仅当区域考核指标一体化时，区际纳什均衡则达到帕累托最优状态。

京津冀协同发展机制的顶层设计分为五个分机制，包括：协商机制、仲裁机制、分享机制、分摊机制和补偿机制，如图8-1所示。

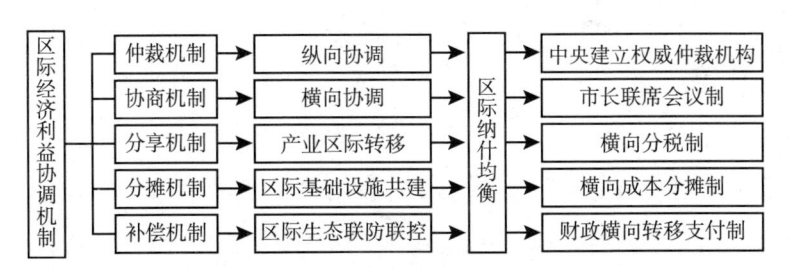

图8-1 京津冀协同发展机制五个分机制

五个分机制中，协商机制、仲裁机制体现协调的形式和程序，而分享机制、分摊机制和补偿机制则体现协调的具体内容。协商机制属于横向协调，保证了协调的效率；仲裁机制属于纵向协调，保证了协调的公平。京津冀协同发展机制的路径选择是纵横结合。五个分机制共同作用发挥合力，才能突破行政边界羁绊，促进京津冀协同发展。

既然京津冀地区经济的空间溢出效应要求突破行政边界刚性约束的羁绊,那么就需要地方政府通过市长联席会议进行跨界横向协调,即协商机制。协商机制对应的具体内容是"京津冀市长联席会议制"。由于地方政府的有限理性和市场的不完全性,当地方政府自组织式的协调无法达到区际纳什均衡时,中央政府可以通过设立超越行政区划的权威仲裁机构进行纵向协调以达到区际纳什均衡,即仲裁机制。仲裁机制对应的主要内容是"国家区域管理和协调委员会"的设立。分享机制对应的主要内容是产业区际转移横向分税制。在拟定产业区际转移合同时,京津冀三地政府应以三地对产业的区位边际贡献率比例为权重,进行税收分享。分摊机制对应的主要内容是区际(跨界)基础设施共建中横向成本分摊制。京津冀三地政府在拟定区际基础设施共建合同时,应以基础设施对本地区经济所产生的外部性弹性系数比例为权重,进行建设成本分摊并承担建设责任或依据该比例发起设立"京津冀基础设施发展基金"。补偿机制对应的主要内容是区际生态联防联控中的财政横向转移支付制。本书以官厅水库上游流域洋河的生态联防联控为例阐述补偿机制。京津冀区际生态补偿机制是:北京市通过财政横向转移支付建立生态补偿专项基金,根据观测到的上游水质级别 θ 判断河北的治污努力程度 x,对河北进行奖惩,帕累托最优风险分担可以实现。换言之,契约合同可以建立在行动上,从而激励相容约束是多余的,因为北京可以设计任意的"强制合同":如果河北选择治污努力程度 x^* 使水质符合北京要求的标准 θ^*,北京将付河北 $s=s^*$;否则,北京将付河北 $s<s^*$,即:

$$S = \begin{cases} s^*(\pi) = s^*\bigl(\pi(\theta)\bigr), \theta \geq \theta^* \\ s, \theta < \theta^* \end{cases} \tag{8.1}$$

只要 s 足够小,河北绝不会选择 $\theta<\theta^*$。s 足够小,意味着 s 可以为负,为负则是一种惩罚机制,以一种罚款的形式出现。换言之,当北京上游水质在合同规定的级别以上时,北京补偿河北;当水质在合同规定的级别以下时,北京对河北进行惩罚,即京津冀区际生态补偿机制是双向的。当北京对河北的补偿力度大于河北治污的机会成本时,河北会愿意与北京签订合同。合同一旦签订便具备法律效力、刚性约束和可强制执行性。天津可以类比北京。

(二)定量结论

京津冀三地政府在产业区际转移时,横向分税的比例是,北京:天津:河北 = 3:3:1。北京的企业转移到河北时,北京与河北的税收分享比例是3:1;天津的企业转移到河北时,天津与河北的税收分享比例是3:1;北京的企业转移到天津时,北京与天津的税收分享比例是1:1。在横向分税制的基础上,中央政府运用市场化手段建立区域统一的集中撮合匹配中心和第三方平台,通过北京转出企业与津冀承接开发区双边匹配的机制设计,助力京津冀产业区际有序转移。京津冀三地的基础设施外部性弹性系数分别为:1.029、1.002、1.041(见表8-1)。

表8-1 京津冀三地区位边际贡献率与基础设施外部性弹性系数对比

区域	区位边际贡献率	基础设施外部性弹性系数
北京	0.478	1.029
天津	0.435	1.002
河北	0.141	1.041

资料来源:笔者根据本书第"5.3.3"和第"6.3.3"章节整理而得。

二 对策反思

(一)纵向协调与横向协调相结合

京津冀协同发展机制应采取纵向协调与横向协调相结合的方式,以横向协调为主,纵向协调为辅,充分调动地方政府的自主性、积极性,兼顾效率与公平,理顺市场与政府的关系。

区际利益的横向协调形式是市长联席会议制,通过联席会议调动地方政府的积极性、主动性,体现区际经济利益属于社会福利再分配范畴。京津冀三地政府应建立常态化的"京津冀市长联席会议制度"。京津冀市长联席会议成员单位由京津冀地区各市市长组成,不刻制印章,定期召开高层领导会议,落实首都经济圈发展规划,探讨各城市之间发展对接的思路,协调解决跨界基础设施共建、产业转移、生态环境联防联控、人才跨区域自由流动、社会保障对接等重大问题,对区际重大项目进行表决,制定区域经济一体化章程,形成规范的对话与协商机制。联席会议主席可由北京、天津、河北各市市长轮流担任。联席会议由区管委牵头负责,区管委主要负责同志担任召集人。联席会议下设办公室,为常设机构,负责落实联席会议所作出的各项决策并承担日常工作。办公室设在区管委,便于和中央及时沟通。联席会议以会议纪要形式明确会议议定事项,经与会单位同意后印发有关部门。重大事项要及时向国务院报告。各市的发展改革部门、财政部门、科技主管部门、民政部门、司法部门、环保部门、住建部门以及公安部门是市长联席会议各项决策的具体执行部门。

区际利益的纵向协调涵盖两个层面。一方面是建立中央政府层面的区际仲裁机构;另一方面是建立立法机关层面的立法和监督机构。在中央政府层面，可以由国家发展和改革委员会、中华人民共和国住房与城乡建设部和中华人民共和国国土资源部联合成立区际仲裁机构——国家区域管理和协调委员会，作为区际矛盾协调的超级仲裁机构，由国务院直接领导，以减少部门职责的交叉并提升机构权威性，该机构由一名国务院副总理兼任主任，下设区域规划司、环境保护司、丝绸之路经济带协调管理司、京津冀协调管理司、长江经济带协调管理司、成渝经济区协调管理司、法规司、市场监管司、住房保障司、土地利用管理司、耕地保护司、执法监察局等。区管委的主要职能是区际经济利益协调、区际经济利益矛盾仲裁、区域规划、预算的编制以及区域规划落实监督和市场监管等。区管委的设立能够通过一种自上而下的控制方式最大限度地克服行政边界导致的地方政府有限理性。中央权威协调仲裁机构的设立，可以重构不同区域在经济方面发生交换的激励结构，降低区际利益协调费用，从而有利于区域经济增长。所以，区管委要被赋予足够的权威，可以驾驭地方政府；否则，一个乏权无术的区管委将导致"囚徒困境"继续上演。国家区域管理和协调委员会作为区际经济利益冲突的仲裁机构，仲裁结果具备法律效力。区管委的权威性还体现在可以协调国务院各部委开展工作。值得注意的是，国家区域管理和协调委员会并不是要干涉地方政府辖内事务，它只是区际经济利益矛盾的仲裁和协调机构。它的职能边界只发生在区际矛盾产生的地方。

立法机关层面的立法和监督机构可以在全国人民代表大会设置专门委员会——区域发展委员会，作为最高区域权力机关，在区域发展委员会下设立京津冀发展小组，其成员由京津冀三省市的全国人大委员组成。区域发展委员会承担区域法律制定、修改和监督实施，区域预算审批、监督等方面的职能，在加快区域规划立法，保持区域规划连续性、稳定性方面起到决定性作用。建议国家尽快出台《区域规划法》。国家区域管理和协调委员会是区际利益协调和区域规划落实的监督机构,全国人大区域发展委员会是区域预算执行的监督机构。既然二者拥有监督职能,那么惩罚职能也必须包含其中;否则,当违约、违规、不合作收益大于协调收益时,地方政府就有可能发生逆向选择或道德风险,仲裁结果也将失去效力。未来具体的区际利益仲裁与协调程序应该由全国人民代表大会以立法的形式确定。

(二)地方政府考核机制改革

1. 区域考核指标一体化

本书第三章已经证明区域考核指标一体化是区际纳什均衡达到帕累托最优状态的前提条件;当且仅当区域考核指标一体化时,区际纳什均衡达到帕累托最优状态。不同区域只有拥有共同利益,才可能拥有共同目标,只有拥有共同目标,才可能行动一致,突破行政边界刚性约束,打破地方政府利益固化的藩篱,所以区际利益协调的前提是中央政府改变地方政府考核机制,由"各自为政"变为共同利益。这样不仅有助于促进京津冀地区成为一个"命运共同体",还能加快落实我国主体功能区战略。区域考核指标一体化包含双层含义:除了同一都市圈内不同区域的考核指标一体化外,还包括都市圈内经济、环境、资源考核指标一体化。

2. 地方政府 GDP 与 GEP 双轨考核制

新制度经济学认为制度安排决定经济绩效;有效率的制度变迁和经济组织是促进经济增长的重要因素。同理,制度变迁包括了制度创新。中央政府创新推出更加有效率的地方政府考核机制,可以形成改革的内生动力,重构不同区域在经济方面发生交换的激励结构,降低区际利益协调费用,从而有利于区域经济增长。

京津冀辖内各地方政府之所以难以协调,是因为大家"各自为政",单一追求本辖区的 GDP 目标。现行的地方政府考核机制也不能

第八章 结论与对策反思

激励各区际经济利益主体充分考虑环境外溢、基础设施外溢所产生的外部性效应，造成区域帕累托最优状态无法实现，即便存在区际纳什均衡点，博弈主体也不愿意执行，致使区际经济利益协调步履维艰，经济发展方式难以转变。中央政府应改革地方政府政绩考核机制，变单一以 GDP 为中心的考核机制为 GDP 与 GEP 双轨考核机制。这样才能促进区域经济发展，推动区域经济一体化进程，在经济结构转型的同时使区际经济利益变得更加一致，利于协调。党的十八大明确提出，要把资源、环境、生态纳入经济社会发展评价体系。生态系统生产总值（GEP-Gross Ecosystem Product）由世界自然保护联盟 IUCN 提出并倡导，旨在建立一套与国内生产总值（GDP）相对应、能够衡量生态的统计与核算体系。通过计算森林、荒漠、湿地等生态系统及农田、牧场、水产养殖场等人工生态系统的生产总值，来衡量和展示生态系统状况。如果一个区域的地方政府只注重经济发展而忽视环境保护，那么该地区在取得正 GDP 数据的同时也获得了负的 GEP 数据，冲抵了 GDP 数据，该地方政府的政绩考核同样是不合格的，倒逼地方政府注重外部性问题。1960 年科斯发表了著名的《社会成本问题》一文。他认为外部性往往不是单向的一方伤害另一方的问题，而是双向的。例如，在同一水域内，为了保护下游企业的利益而限制上游企业排污，实际上这也是对上游企业的损害。GDP 与 GEP 双轨考核制，实际上等于清晰界定了地方政府"产权"，明确了区域功能定位，有助于不同地方政府在交易费用为零的前提下自愿达成区际经济利益协调契约或合同，使区际利益边际替代率相等，从而排除了导致外部性的根源。另外，本书建议中央政府对地方政府政绩考核采取"平衡积分卡"制度，将经济发展、环境保护、社会公平、诱发创新、基础设施等指标全部纳入平衡积分卡。本书建议党的全国代表大会修改党章中部分章程，将"以经济建设为中心"，修改为"以经济可持续发展为中心"。

（三）以确权登记为抓手、合同契约为形式设计协调机制

京津冀区际生态补偿机制的建立基于国家对水流、森林、山岭、草原、荒地、滩涂等自然生态空间进行统一确权登记，形成归属清晰、权责明确、监管有效的自然资源资产产权制度。为保证协调机制切实发挥效用，应以合同契约为形式设计补偿机制，赋予机制法律效力，保证机制的可执行性和刚性约束力。京津冀区际流域生态补偿机制在具体执行过程中，可以由水利部合理测算水域流量，由环境保护部作为跨界断面水质监测机构，由国家区域管理和协调委员会作为第三方监督机构，根据不同的水质类别对应制定级差补偿价格，在流域水资源产权归属清晰的前提下，监督补偿合同的履行。此外，国家还可以建立全国统一的水权交易所，作为京津冀流域生态补偿机制具体执行的平台。

补偿合同模板如下：

委托方：北京市人民政府　　　　　　　　代理方：河北省人民政府

一、委托内容

北京市人民政府委托河北省人民政府对官厅水库上游洋河流域进行生态治理，以每季末最后一日为观测时点，以洋河跨界断面水质为计量标的，按照当季洋河流入官厅水库流量为计量单位，以京发改〔2004〕1517号规定的居民用水污水处理价格为参考价格，于每季末最后一日向河北省人民政府支付补偿金或收缴罚金。当洋河的水质级别达到Ⅰ类时，北京市按照1.04元/每立方米补偿河北省；当洋河的水质级别达到Ⅱ类，北京市按照0.5元/每立方米补偿河北省；当洋河的水质级别达到Ⅲ类，北京市不补偿河北省；当洋河的水质级别达到Ⅳ类，河北省按照0.5元/每立方米向北京市缴纳罚款；当洋河的水质级别达到Ⅴ类，河北省按照1.04元/每立方米向北京市缴纳罚款。

二、合同的执行与监督

中华人民共和国水利部作为水域流量测算机构,中华人民共和国环境保护部作为跨界断面水质监测机构,国家区域管理和协调委员会作为第三方监督机构,监督补偿金或罚金实际支付情况。

本合同未尽事宜由双方政府依据中华人民共和国相关法律协商解决。

三、违约责任

甲乙双方若有未执行本合同之情形时,均同意由国家区域管理和协调委员会在不违反法律规定之范围内进行仲裁并执行仲裁结果。

四、合同生效

此合同自签订日起生效。

五、合同日期：

委托方：　　　　　　　　　　　　代理方：

三　研究展望与不足

本书未涉及京津冀人口区际流动协调机制,但是经济建设、社会发展应以人为本。人口区际流动协调机制是笔者今后继续努力研究的方向。新经济地理学家Berliant和Fujita(2007)建立了一个知识扩散和人才流动的TP(Two Person Model)模型,得出的核心结论是:当新创知识可以在区际自由流动,知识分子可以区际移民时,存在两种稳定的、均衡的"核心—边缘"经济空间分布。其一是核心区集中了所有的知识创新部门和大部分的制造业企业；其二是核心区集中了所有的知识创新部门和所有的制造业企业。显然,以上两点结论对区域协调发展和一体化进程是不利的,为了克服这种极化效应,人口区际流动协调机制的建立是十分必要的。

新经济地理学在研究区域集聚和溢出效应时立足于新的视角。

TP模型指出，只有当知识增长率大于知识创新率时，知识创新才是最有效率的，在特定区域内共同知识变多时，该区域的知识创新率变低，从而产生了内生的区际移民，区际移民改变了知识分子的空间分布，从而进一步改变了区域知识创新部门的制造业企业数量和生产行为，最终改变了区域经济结构。所以，人口区际流动协调机制建立的目的是引导区域经济结构朝着有利于提升创新效率，增进区域福利，促进区域经济一体化的方向发展。

区域经济活动涉及方方面面，由于笔者能力有限，还有很多方面没有涉及。除了人口区际流动协调机制以外，还有社会保障区际对接协调机制等其他重要机制需要我今后继续努力研究。

附录 A　哈马达模型

本书借鉴哈马达模型分析同一国家不同区域税收政策协调的必要性。

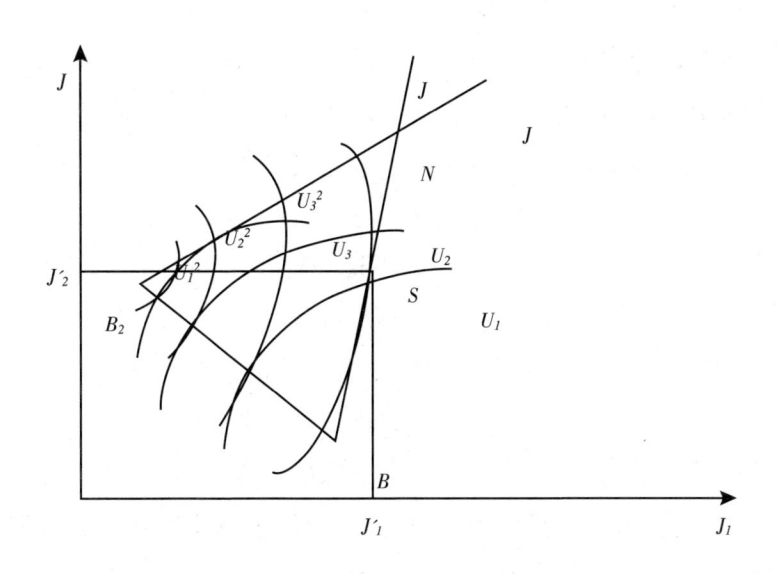

图 A1　哈马达税收协调模型

张玉珂、马文秀：《论国际经济政策协调的理论基础》[J]，《河北大学学报（哲学社会科学版）》2011 年第 1 期，第 75~77 页。

假设一个国家存在两个省，分别为省 1 和省 2 且两个省存在一定的经济依存度。J_1 为省 1 的地方税收政策，J_2 为省 2 的地方税收政策，远离原点为税收政策扩张。由于两个省存在一定经济依存度，所以一个省的税收政策必将对另一个省产生影响。u 是无差异曲线，代表本省经济利益，是J的函数，即$u=u(J)$。u_1、u_2、u_3是省1的无差异曲线，离原点越远代表本省经济利益越高，则$u_1<u_2<u_3$；同理u_1^2、u_2^2、u_3^2、u_4^2是省2的无差异曲线，则$u_1^2<u_2^2<u_3^2<u_4^2$。两个省的无差异曲线相切于c、c'、c''点，连成一条B_1到B_2的直线，那么B_1B_2直线就是区际税收协调的"契约线"；换言之，两个省只有在这条线选择纳什均衡点，才能使区际经济利益达到帕累托最优状态。那么，省1最想选择的纳什均衡点是B_1，因为在B_1点，省1的税收政策扩张得最大且省2可以接受，则B_1点对省1的经济利益最有利；同理，省2最想选择的纳什均衡点是B_2。至于，纳什均衡点在B_1B_2线的什么位置还需要视具体博弈情况而定，因为还有国家权威协调机构的干预存在。上述是省1、省2接受税收协调的情况。

接下来，本书分析省1、省2不接受税收协调的情况。当一个省选择本省税收政策时要面对另一个省给定的税收政策，因为哈马达模型假定了两个省的经济依存使得对手省的政策会对本省产生影响，那么就需要借助"反应曲线"这一博弈工具。所谓"反应曲线"表示当对手省政策给定时，本省有可能出现的政策选择。省1的"反应曲线"用R_1表示，它是由B_1点与省2的税收政策J_2'和由此政策而产生的省2的最大效用无差异曲线u_4^2交点S的连线；同理省2的"反应函数"是R_2。当省1、省2不接受协调且同时采取税收行动时，R_1与R_2的交点N即为省1与省2税收博弈的"古诺均衡点"。很显然，N点远离"契约线"B_1B_2，不具最优效率，存在帕累托改进的可能。另一种情况，当省2率先行动采取税收政策J_2'，省1看到省2的税收政策，选择自己的"反应曲线"R_1应对，R_1与J_2'的交点S是此次动态博弈的"斯塔克尔伯格均衡点"。该点一方面远离"契约线"B_1B_2，同样不具效率，存在帕累托改进的可能；另一方面，S点在省2的无差异曲线u_4^2上，使得省2较省1获得了更大的区际经济利益，即先发优势,那么这个斯塔克尔伯格均衡点也是不稳固的,因为省 1 不甘心只作个"追随者"。

哈马达模型说明这样的结论:不进行区际税收政策协调会使区际经济利益无效率,而进行税收政策协调可以实现区际经济利益的帕累托改进。

附录 B　CPLS 模型

本书借鉴了克鲁格曼的核心-边缘模型（1991）和鲍德温、马丁和奥塔维诺的局域溢出模型（2001），[①] 将两个模型相结合，试图建立 CPLS 模型，研究区际基础设施与区域经济一体化的内生非线性关系。

一　模型假设

假设京津冀地区只有两个区域：北京和河北，这两个区域的初始状态在偏好、技术、要素禀赋方面都是对称的；假设京津冀地区只存在两个部门：垄断竞争条件下的制造业部门 M 和完全竞争下的农业部门 A，各部门只使用劳动力一种生产要素，制造业部门的劳动力用 H 表示，农业部门的劳动力用 L 表示。制造业企业雇佣工业劳动力进行生产，由于是在垄断竞争条件下进行生产，故规模收益是递增的。制造业企业生产每一种单位产品，需要固定投入（即 F 单位的工业劳动力）和可变投入（每单位需要 a_m 单位的工业劳动力），因此制造业的成本函数为 $w(F+a_m)$，其中 x 为企业产出量，w 为工人的工资水平。相反，农业部门在完全竞争和规模收益不变的情况下生产同质产品，且只使用农业劳动力。同时不管其产出水平如何，单位产出都需要 a_A 单位的农业劳动力。农业劳动力的工资用 w_A 来表示。两种产品在地区间是可以交换的，假定农产品交易无成本而制造业产品交

[①] 安虎森：《新经济地理学原理（第二册）》北京：经济科学出版社，2009，第 92~238 页。

易遵循冰山交易成本。尤其，把制造业产品运输到本地消费市场是无成本的，而把它运到其他区域是有成本的。如果在其他地区要出售一个单位的产品，那么必须运到 τ 个单位的产品（$\tau \geq 1$），也就是说，$\tau-1$ 个单位产品在运输途中"融化"掉。这里的 τ 是广义的运输成本，它包括出售在区外市场时的所有成本。用 p 表示北京的企业在北京出售产品时的价格，用 p^* 表示北京的企业在河北出售产品时的价格，即 $p^* = \tau p$。

二 短期均衡

每个地区的消费者都具有双重效用。第一层效用是指消费者把总支出按不同比例支付在农产品和工业产品时的效用。由于农产品是同质产品，因此农产品的消费是指同一种产品的消费，但工业品是差异化的产品，因此制造业产品的消费是指不同工业品的某种组合。第二层效用是指消费者消费差异化的制造业产品时的效用。第一层效用函数用柯布－道格拉斯函数表示；第二层效用函数使用 CES 不变替代弹性效用函数表示：

$$u = c_M^{\mu} c_A^{1-\mu}, c_M = \left[\int_{i=0}^{n+n^*} c_i^{\rho} di\right]^{\frac{1}{\rho}} = \left[\int_{i=0}^{n+n^*} c_i^{\frac{(\sigma-1)}{\sigma}}\right]^{\frac{\sigma}{(\sigma-1)}}, 0 < \mu, \rho < 1, \sigma > 1$$

(B.1)

其中，C_M 和 C_A 分别表示消费者对工业品组合的消费和农产品的消费；n 和 n^* 分别表示北京和河北产品种类数量；μ 为支出在工业品上的支出份额，$1-\mu$ 为支出在农业品上的支出份额；c_i 为消费者对第 i 种工业品的消费量；ρ 反映消费者的多元化消费程度，ρ 越接近于 1，消费者的多元化偏好程度越弱，越接近于 0，消费者多元化偏好程度越强；ρ 和 CES 效用函数中的消费者消费工业品的替代弹性

σ 的关系式：$\rho = \dfrac{(\sigma-1)}{\sigma}$；用 p_A 表示农产品价格，用 p_i 表示第 i 种工业品的价格，消费者收入用 y 来表示。

消费者效用最大化问题可以分两步处理，第一步考虑消费者消费某工业品组合 C_M 时，其支出要最小，即：$minc_i = min\int_{i=0}^{n+n^*} p_i c_i di$ 约束条件 $S.t. \ C_M = \left[\int_{i=0}^{n+n^*} c_i^\rho\right]^{1/\rho}$ 构建拉格朗日函数 $L = \int_{i=0}^{n+n^*} p_i c_i di - \lambda\left[\left[\int_{i=0}^{n+n^*} c_i^\rho\right]^{1/\rho} - C_M\right]$，求解最大化极值条件，令一阶导数为 0，得：$p_i = \lambda C_M^{1-\rho} c_i^{\rho-1}$，同理，得：$p_i = \lambda C_M^{1-\rho} c_i^{\rho-1}$，则 $\dfrac{p_i}{p_j} = \dfrac{c_i^{\rho-1}}{c_j^{\rho-1}}$，利用上式，用 c_i 来表示 c_j，并代入成本最小化问题的约束中，则：

$$C_M = \left[\int_{i=0}^{n+n^*} c_j^\rho (p_i/p_j)^{\rho/(\rho-1)} di\right]^{1/\rho} = c_j(1/p_j)^{1/(\rho-1)} \left[\int_{i=0}^{n+n^*} p_i^{\rho/(\rho-1)} di\right]^{1/\rho}$$

则：

$$c_j = \dfrac{p_j^{1/(\rho-1)}}{\left[\int_{i=0}^{n+n^*} \rho_i^{\rho/(\rho-1)} di\right]^{1-\rho}} C_M \tag{B.2}$$

上式中，C_M 为常数，c_i、c_j 分别为消费者对第 i、j 种工业品的需求函数，消费者对任一种工业品的需求价格弹性为 $\dfrac{1}{\rho-1} = -\sigma$。有了消费者的需求函数，则整个区域对工业品的总支出或者总购买力为：

$$\int_{i=0}^{n+n^*} p_i c_i di = \int_{i=0}^{n+n^*} \dfrac{p_j^{\frac{\rho}{\rho-1}}}{\left[\int_{i=0}^{n+n^*} p_i^{\frac{\rho}{\rho-1}} di\right]^{\frac{1}{\rho}}} C_M di = \dfrac{C_M}{\left[\int_{i=0}^{n+n^*} p_i^{\frac{\rho}{\rho-1}} di\right]^{\frac{1}{\rho}}} \int_{i=0}^{n+n^*} p_i^{\frac{\rho}{\rho-1}} di$$

$$= \left[\int_{i=0}^{n+n^*} p_i^{\frac{\rho}{\rho-1}} di\right]^{(\rho-1)/\rho} C_M \tag{B.3}$$

从上式可以看出，消费者对工业品的支出，就相当于消费者购买了

C_M 单位的工业品组合，而其购买价格为式 B.3 的 $\left[\int_{i=0}^{n+n^*} p_i^{\frac{\rho}{\rho-1}} di\right]^{(\rho-1)/\rho}$，因为该项可以看作为工业品组合的价格指数。定义工业品价格指数为

$$p_M = \left[\int_{i=0}^{n+n^*} p_i^{\frac{\rho}{\rho-1}} di\right]^{(\rho-1)/\rho} = \left[\int_{i=0}^{n+n^*} p_i^{1-\sigma} di\right]^{1/(1-\sigma)} \tag{B.4}$$

北京与河北生产的所有工业品种类数为 $n^w = n + n^*$。为简化公式，定义 $\Delta n^w = \left[\int_0^{n^w} p_i^{1-\sigma} di\right]$，这样 $p_m = (n^w)^{1/(1-\sigma)}$。把 P_M 代入式 B.2，则

$$c_i = (p_i/P_M)^{1/(\rho-1)} C_M = (p_i/P_M)^{-\sigma} C_M \tag{B.5}$$

消费者效用最大化的另一个层次是消费者在农产品与工业品组合之间的选择，即：$\max U = \max C_M^\mu C_A^{1-\mu}$，$S.t. P_M C_M + P_A C_A = y$，构建拉格朗日函数，求解最大化一阶条件，得：$C_M = \mu y/P_M$，$C_A = (1-\mu) y/P_A$ \hfill (B.6)

把式 B.6 代入式 B.5 则：$C_A = \dfrac{(1-\mu) y}{p_A}$，$c_i = \mu y \left(\dfrac{p_i^{-\sigma}}{p_M^{1-\sigma}}\right)$ \hfill (B.7)

现在，本书考虑生产者行为，前面已经假设单位农产品所需要的劳动投入量为 a_A。为简化模型，本书假设企业不存在范围经济，又由于是在垄断竞争的条件下，所以任何一个企业都不会生产与其他企业完全相同的产品，那么企业的数量就等于产品种类数，设生产第 i 种差异化产品企业的利润函数为：$\pi_i = p_i x_i - w(F + a_M x_i)$ \hfill (B.8)

其中，x_i 为第 i 种差异化产品的产出量。假设没有储蓄，收入和支出相等，那么 $y = E$，由式 B.7，得：$x_i = \mu E \dfrac{p_i^{-\sigma}}{p_M^{1-\sigma}} = \mu E \dfrac{p_i^{-\sigma}}{\Delta n^w}$ \hfill (B.9)

其中，E 为整个京津冀区域的总支出（总购买力）。式 B.9 为企业在进行利润最大化价格决策时面临的市场约束条件。$\mu E/(\Delta n^w)$ 是常数，设 $h = \mu E/(\Delta n^w)$，则第 i 种产品需求可以写成 $x_i = h p_i^{-\sigma}$。根据式 B.8 给出的利润函数，建立拉格朗日函数：$L_i = p_i x_i - w(F + a_M X_i) - \lambda(x_i - h p_i^{-\sigma})$，并分别对 x_i、p_i 求导，得利润最大化一阶条

件：$x_i - h\lambda\sigma p_i^{-\sigma-1} = 0$；$p_i - wa_M - \lambda = 0$，将这两个式子相除，然后把 $x_i = hp_i^{-\sigma}$ 代入，得：$p = wa_M/(1-1/\sigma)$ (B.10)

现在，本模型考虑京津冀区域的短期均衡，即北京与河北已达到经济对称结构（经济增长率和社会福利水平相同），这是短期均衡的一种情况（还有一种情况是核心－边缘结构）。在短期内，认为劳动力的空间分布是给定的，用 L、L^*、L^W 表示北京、河北和整个京津冀区域所拥有的农业劳动力禀赋，则：

$$L = L^* = \frac{L^W}{2}, p_A = w_L a_A, p_A^* = w_L^* a_A \tag{B.11}$$

其中，p_A、p_A^* 分别为北京和河北农产品价格，w_L、w_L^* 分别为北京和河北农业劳动力工资，由于 $p_A = p_A^*$，即前面已假设中有一种农产品，所以北京与河北的农业劳动力工资水平相等。w 和 w^* 分别为北京和河北工业劳动力工资。由式 B.9，北京的消费者对工业品的需求函数为：

$$c_i = \mu E \frac{p_i^{-\sigma}}{p_M^{1-\sigma}} = \mu E \frac{p_i^{-\sigma}}{\Delta n^w}, E = wH + W_L L \tag{B.12}$$

其中，E 为北京市场的购买力或北京消费者的总支出，由于假设不存在储蓄，所以也等于总收入。

由式 B.10，北京的企业在北京和河北市场出售价格分别为：$p = \frac{\sigma}{\sigma-1}a_m w$，$p^* = \tau\frac{\sigma}{\sigma-1}a_m w$；同理，河北的企业在北京和河北市场的销售价格分别为：$\bar{p} = \tau\frac{\sigma}{\sigma-1}a_m w^*$，$\bar{p}^* = \frac{\sigma}{\sigma-1}a_m w^*$。定义整个京津冀区域工业劳动力禀赋为 H^w，那么该区域可以生产的工业品产品种类数量是 $n^w = H^w/\sigma F$。因此，短期均衡时北京和河北企业数量分别是：$n = \frac{H}{\sigma F}$，$n^* = \frac{H^*}{\sigma F}$ (B.13)

接着，本模型确定北京单个厂商的收益水平，设北京单个厂商的产出量为 x，出产价为 p，该企业的总收益为 $R = px$ (B.14)

要实现这一收益必须满足市场出清条件，也就是说企业的全部产出在两个区域全部销售出去，则：$px = pc + p^* c^*$，其中 c 和 c^* 分别为北京的企业在北京和河北市场的销售量。由于存在区域间的运输成本，当北京企业的产品在河北销售量为 c^* 时，实际供给量应为 τc^*。企业的总产量应等于北京和河北两个区域的销售量，即 $x = c + \tau c^*$。由式 B.9，$c = \mu E \dfrac{p_i^{-\sigma}}{p_M^{1-\sigma}} = \mu E \dfrac{p_i^{-\sigma}}{\Delta n^w}$，$c^* = \mu E^* \dfrac{(\tau p)^{-\sigma}}{(p_M^*)^{1-\sigma}} = \mu E^* \dfrac{(\tau p)^{-\sigma}}{\Delta^* n^w}$，

则 $R = \mu E \dfrac{p_i^{1-\sigma}}{\Delta n^w} + \mu E^* \dfrac{(\tau p)^{-\sigma}}{\Delta^* n^w}$，根据式 B.4 后的定义，$\Delta n^w = \int_0^{n^w} p^{1-\sigma} di$

$= np^{1-\sigma} + n^* \bar{p}^{1-\sigma} = np^{1-\sigma} + n^* \varphi(\bar{p}^*)^{1-\sigma} = \left(\dfrac{\sigma}{1-\sigma} a_m\right)^{1-\sigma}$

$[nw^{1-\sigma} + n^* \varphi(w^*)^{1-\sigma}]$；$\Delta^* n^w = \int_0^{n^w} p^{1-\sigma} di = n^*(\bar{p}^*)^{1-\sigma} + n(\bar{p})^{1-\sigma} =$

$n^*(\bar{p}^*)^{1-\sigma} + n\varphi p^{1-\sigma} = \left(\dfrac{\sigma}{1-\sigma} a_m\right)^{1-\sigma} [n^*(w^*)^{1-\sigma} + n\varphi w^{1-\sigma}]$。由式

B.10，$a_m = 1 - 1/\sigma$，所以，$R = \mu E \dfrac{p_i^{1-\sigma}}{\Delta n^w} + \mu E^* \dfrac{(\tau p)^{1-\sigma}}{\Delta^* n^w} =$

$\dfrac{w^{1-\sigma} \mu E}{nw^{1-\sigma} + \varphi n^*(w^*)^{1-\sigma}} + \dfrac{w^{1-\sigma} \mu E^*}{\varphi nw^{1-\sigma} + n^*(w^*)^{1-\sigma}}$，其中，$\varphi = \tau^{1-\sigma}$，表示贸易自由度，交通运输基础设施得到加强，贸易自由度可以提高，$\varphi \in [0, 1]$；当"冰山运输成本" $\tau = 1$ 时，$\varphi - 1$；当 $\tau \to \infty$ 时，$\varphi = 0$。我们将企业的收益水平用空间形式表示，设为 S_n 北京企业数量占整个京津冀区域总企业数量的份额，即 $S_n = n/n^w$，S_ε 为北京支出占总支出的份额，即 $S_\varepsilon = E/E^w$，则：

$$R = \dfrac{w^{1-\sigma} \mu E}{nw^{1-\sigma} + \varphi n^*(w^*)^{1-\sigma}} + \dfrac{w^{1-\sigma} \mu E^*}{\varphi nw^{1-\sigma} + n^*(w^*)^{1-\sigma}}$$

$$= \mu w^{1-\sigma} \frac{E^w}{n^w} \Big[\frac{S_\varepsilon}{S_n w^{1-\sigma} + \varphi(1-\delta_n)(w^*)^{1-\sigma}} + \frac{\varphi(1-S_\varepsilon)}{\varphi S_n w^{1-\sigma} + (1-S_n)(w^*)^{1-\sigma}} \Big] \tag{B.15}$$

$$R^* = \mu(w^*)^{1-\sigma} \frac{E^w}{n^w} \Big[\frac{1-S_\varepsilon}{(1-S_n)(w^*)^{1-\sigma} + \varphi S_n w^{1-\sigma}} + \frac{\varphi S_\varepsilon}{\varphi(1-S_n)(w^*)^{1-\sigma} + S_n w^{1-\sigma}} \Big] \tag{B.16}$$

为简化模型, 设 $\Delta = \varphi(1-S_n)(w^*)^{1-\sigma} + S_n w^{1-\sigma}$, $\Delta^* = \varphi S_n w^{1-\sigma} + (1-S_n)(w^*)^{1-\sigma}$, $B = \frac{S_\varepsilon}{\Delta} + \varphi \frac{1-S_\varepsilon}{\Delta^*}$, $B^* = \varphi \frac{S_\varepsilon}{\Delta} + \frac{1-S_\varepsilon}{\Delta^*}$, 则 $R = \mu w^{1-\sigma} \frac{E^w}{n^w} B$, $R^* = \mu(w^*)^{1-\sigma} \frac{E^w}{n^w} B^*$ (B.17)

接着, 我们讨论工业劳动力的工资如何决定。企业所雇佣的工业劳动力总量为 σF, 均衡时, 企业利润为 0, 企业的收益全部用于支付工人的工资, 因此支付给工人的工资总量为 σFw, 则 $R = \mu w^{1-\sigma} \frac{E^w}{n^w} B = \sigma Fw$, 得: $w = \left(\frac{\mu E^w}{\sigma F n^w} B \right)^{1/\sigma}$, 同理 $w^* = \left(\frac{\mu E^w}{\sigma F n^w} B^* \right)^{1/\sigma}$ (B.18)

确定了工人的工资水平便可以推导整个京津冀区域对工业品的总支出 E^w, 设 S_L 为北京农业劳动力占总农业劳动力的份额, 假设农业劳动力不可自由流动, 则 $S_L = 1/2$, 设 S_H 为北京工业劳动力占总工业劳动力的份额。北京的总支出(总收入)水平为 $E = w_L L + wH = w_L S_L L^w + wH$, 河北的总支出(总收入)水平为 $E^* = w_L L^* + w^* H^* = w_L (1-S_L) L^w + w^* H^*$, 将上面两个式子相加得: $E^w = w_L L^w + wH + w^* H^*$。另外, 整个经济系统中工人的名义收入又等于整个经济系统对工业品的支出, 因此 $wH + w^* H^* = \mu E^w$, 所以 $E^w = \frac{w_L L^w}{1-\mu}$ (B.19)

$$S_\varepsilon = \frac{E}{E^w} = \frac{w_L \delta_L L^w + wH}{w_L L^w/(1-\mu)} = (1-\mu) \left(S_L \frac{wH^w}{w_L L^w} S_H \right) \tag{B.20}$$

三 单位和标准

本书选择合适的计量单位简化模型。当短期均衡出现对称结构时，本书设定单位农产品产出所需的农业劳动力投入为一个单位 $a_A = 1$，即根据式 B.11，$p_A = p_A^* = w_L = w_L^* = 1$；设定 $a_m = a_M = 1 - 1/\sigma$，根据式 B.10，$p = w$，$p^* = \tau w$，$\bar{x} = F\sigma$；设 $F = \dfrac{1}{\sigma}$，则 $\bar{x} - 1$，由式 B.13，$n = H$，$n^* = H^*$，也就是说工业劳动力供给等于产品种类，这大大简化可市场出清条件；设 $H^w = 1$，由于工业劳动力供给等于产品种类。所以 $n + n^* = H + H^* = H^w = 1$，又因为 $n + n^* = 1$，所以我们可以用 S_n（北京所占的企业数量份额）来表示北京工业劳动力在全部工业劳动力 H^w 中所占份额 S_H，或可以直接用 n 来表示，又因为是对称结构，所以 $S_n = n = H = 1/2$；设 $w = w^* = 1$，且 $L^w = (1-\mu)/\mu$。总结上述计量单位得：

$$p_A = p_A^* = w_L = w_L^* = 1, p = w, p^* = \tau w, \bar{x} = F\sigma, \bar{x} = 1, n = H, n^* = H^*, n + n^* = H + H^* = n^w = H^w = 1, S_n = n = H = S_L = S_H = 1/2, w = w^* = 1, L^w = (1-\mu)/\mu \tag{B.21}$$

当短期均衡出现核心-边缘结构时，计量单位标准为：$p_A = p_A^* = w_L = w_L^* = 1$，$p = w$，$p^* = \tau w$，$\bar{x} = F\sigma$，$\bar{x} = 1$，$n = H$，$n^* = H^*$，$n + n^* = H + H^* = n^w = H^w = 1$，$S_L - 1/2$，$w = 1$，$L^w = (1-\mu)/\mu$

$$\tag{B.22}$$

如果已经出现形成核心-边缘结构，则核心区工业劳动力的工资为 $w = 1$；但在边缘区，由于已经没有工业活动（Krugman，1991），所谓的名义工资是指"有效工资" $w^* = \left[\dfrac{\varphi(1+\mu)}{2} + (1-\mu)/2\varphi\right]^{1/\sigma}$。

$$\tag{B.23}$$

式 B.23 是一个驼峰状凹函数，它是将式 B.22 的标准化计量单位分别代入式 B.20、B.17、和 B.18 后得出的，在此，代入过程略。

四 CPLS 长期均衡

在厂商长期经营中，生产要素变为劳动与资本两种要素，为引进知识溢出变量，将资本要素看作是知识资本，而不是实物资本。假设工人可以跨区域流动。而农业劳动力和资本不可以自由流动；工业部门只以资本作为固定成本，生产每种工业产品只使用一单位资本，工业劳动力作为可变资本，每种工业品使用 a_M 单位的劳动；资本折旧率为 δ；又因为将资本要素看作是知识资本，所以生产一单位工业品所需的资本就等于所需一种技术。在长期均衡中，本书认为经济增长是由于创新的持续扩张，因此在整个经济系统中，除了农业部门和工业部门还需要引入创新部门 I。假设创新部门 I 只利用劳动来生产知识资本，生产 1 单位知识资本 K，需要 a_I 单位的劳动投入；假设 F 为北京创新部门的边际成本，F^* 为河北创新部门的边际成本，K 为北京的知识资本，K^* 为河北的知识资本，K^w 为整个经济系统（也就是整个京津冀区域）的知识资本总量，a_I 为北京创新部门的劳动投入，a_I^* 为河北创新部门的劳动投入。由于知识溢出存在空间性，它会随着空间距离的增大而衰减，所以设 λ 为知识溢出自由度或知识传播自由度，$\lambda \epsilon [0, 1]$，$\lambda = 1$ 说明知识资本可自由溢出，$\lambda = 0$ 说明知识资本不能传播，知识溢出仅限于本地或本区域，即 λ 越大，知识传播越容易；设 S_K 和 S_K^* 分别为北京与河北知识资本占总资本的份额，w_I 为创新部门工资水平，则有：$F = w_I a_I$，$a_I = \dfrac{1}{(K^w A)}$，$A = S_K + \lambda(1 - S_K)$，为知识资本分布的区位，也就是模型中的空间变量，

$$F^* = w_I a_I^*, \quad a_I^* = \dfrac{1}{(K^w A^*)}, \quad A^* = \lambda S_K + 1 - S_K \tag{B.24}$$

本书继续使用式 B.21 经简化后的计量单位和标准，由式 B.17，则北京和河北两个区域的资本收益为：$\pi \dfrac{\mu}{\sigma} \dfrac{E^w}{K^w} B$，$\pi^* \dfrac{\mu}{\sigma} \dfrac{E^w}{K^w} B^*$ （B.25）

设 g 为长期均衡中对称结构下的区域经济增长率。北京的总支出（总收入）水平为 $E = S_L L^w + S_K \dfrac{\mu}{\sigma} B E^w - (g+\delta) K a_1$；河北的总支出（总收入）水平为 $E^* = (1-S_L) L^w + S_K \dfrac{\mu}{\sigma} B^* E^w - (g+\delta) K^* a_1^*$，由于是对称结构，所以 $S_K = 1/2$。以上两个式子相加得：$E^w = L^w + \dfrac{\mu}{\sigma} E^w - (g+\delta)(K a_1 + K^* a_1^*)$，将式 B.24 代入上式，得：$E^w = L^w + \dfrac{\mu}{\sigma} E^w - (g+\delta)\left[\dfrac{S_K}{S_K + \lambda(1-S_K)} + \dfrac{1-S_K}{\lambda S_K + 1 - S_K}\right]$，又因为 $S_K = 1/2$，所以

$$E^w = \dfrac{1}{1-\mu/\sigma}\left[L^w - \dfrac{2(g+\delta)}{1+\lambda}\right] \tag{B.26}$$

将式 B.26 代入 B.19，得：

$$g = \dfrac{(1+\lambda)\left[(1-\mu) - \left(1-\dfrac{\mu}{\sigma}\right)w_L\right]}{2\mu} - \delta \tag{B.27}$$

在区域经济的长期均衡中，我们可以突破农业劳动力不可自由流动的假设，认为农业劳动力和工业劳动力一样可以跨区域自由流动且可以相互转换，这更符合中国农民工进城务工的实际情况。在短期均衡中，经济结构会出现两种可能，一种是核心－边缘结构；另一种是对称结构。本书认为在长期均衡中，更有可能出现的是对称结构，即两区域间经济增长率及社会福利相同，因为核心－边缘结构极有可能造成社会不公，引起社会动荡。因此政府会采取区域政策干预核心－边缘结构，促使区域经济均衡发展，尽量使两区域间达到对称经济结构。人口流动是受工资水平诱导的。那么当满足 $w = w^* = w_L$ 条件时，

人口流动和转换才会动态平衡,并达到长期均衡。由式 B.23, $w = w^* = w_L = \left[\dfrac{\varphi(1+\mu)}{2} + (1-\mu)/2\varphi\right]^{1/\sigma}$ (B.28)

将式 B.28 代入式 B.27,得:

$$g = \dfrac{(1+\lambda)\left\{(1-\mu) - \left(1-\dfrac{\mu}{\sigma}\right)\left[\dfrac{\varphi(1+\mu)}{2} + (1-\mu)/2\varphi\right]^{1/\sigma}\right\}}{2\mu} - \delta$$

(B.29)

式 B.29 是本模型的重点,我们从中可以看出,区域经济增长率 g 与知识溢出自由度 λ 是正相关的,加强知识溢出基础设施的建设,可以提高 λ,从而提高经济增长率 g。又因为 $\left[\dfrac{\varphi(1+\mu)}{2} + (1-\mu)/2\varphi\right]^{1/\sigma}$ 是驼峰状的凹函数,所以随着贸易自由度 φ 的上升(交通运输基础设施得到加强,可以降低运输成本,提升贸易自由度),$\left[\dfrac{\varphi(1+\mu)}{2} + (1-\mu)/2\varphi\right]^{1/\sigma}$ 是先上升后下降的,又因为在式 B.29 中,它的前面是负号,所以单纯地改善交通运输基础设施有可能造成区域经济增长率的下降(这是因为有可能形成核心-边缘空间经济结构),但当工业品支出份额 μ 足够大时(当 μ 大于 σ 时),那么 $1-\dfrac{\mu}{\sigma}<0$,$-\left(1-\dfrac{\mu}{\sigma}\right)>0$,则改善交通运输基础设施就有可能促使区域经济增长率上升。总而言之,知识溢出基础设施不仅可以产生扩散效应,而且其所产生的扩散效应在与交通运输基础设施所产生的极化效用博弈中,一旦突破了某个临界值,当且仅当落后区域或边缘区域工业品支出份额足够大时,便可以逆转交通基础设施所产生的极化效应而使其产生扩散效应,使区际趋同,两种效用合力促使区域经济一体化。基础设施对区域经济一体化的促进作用是内生且非线性的。这是 CPLS 模型的结论。

附录 C 公式 6.5 推导过程

公式 6.5 推导过程如下：

$$\frac{\partial R}{\partial E_c} = \alpha E_b^\beta E_h^\gamma E_c^{\alpha-1} - \lambda = 0 \quad (C.1)$$

$$\frac{\partial R}{\partial E_b} = \beta E_c^\alpha E_h^\gamma E_b^{\beta-1} - \lambda = 0 \quad (C.2)$$

$$\frac{\partial R}{\partial E_h} = \gamma E_c^\alpha E_b^\beta E_h^{\gamma-1} - \lambda = 0 \quad (C.3)$$

$$\frac{\partial R}{\partial \lambda} = B - E_c - E_b - E_h = 0 \quad (C.4)$$

将（C.1）带入（C.2）得：$\alpha E_b^\beta E_h^\gamma E_c^{\alpha-1} = \beta E_c^\alpha E_h^\gamma E_b^{\beta-1}$ 式（C.5），将（C.1）带入（C.3）得：$\alpha E_b^\beta E_h^\gamma E_c^{\alpha-1} = \gamma E_c^\alpha E_b^\beta E_h^{\gamma-1}$ 式（C.6），将（C.6）带入（C.5）得：$\beta E_c^\alpha E_h^\gamma E_b^{\beta-1} = \gamma E_c^\alpha E_b^\beta E_h^{\gamma-1}$，进一步简化得：$E_h = \frac{\gamma}{\beta} E_b$ 式（C.7）；由（C.4）得 $E_c = B - E_b - E_h$ 式（C.8）；再将 $\frac{(1)-(2)}{(2)-(3)}$ 得：$\frac{\alpha E_c^{\alpha-1} E_b^\beta}{\beta E_c^\alpha E_b^{\beta-1}} = \frac{\beta E_h^\gamma E_b^{\beta-1}}{\gamma E_b^\beta E_h^{\gamma-1}}$，进一步推算得：$\frac{\alpha E_b}{\beta E_c} = \frac{\beta E_h}{\gamma E_b} \rightarrow \alpha \gamma E_b^2 = \beta^2 E_c E_h$ 式（C.9）；将（C.7）和（C.8）带入（C.9）中得：$\alpha \gamma E_b^2 = \gamma \beta \left(B - E_b - \frac{\gamma}{\beta} E_b \right) E_b \rightarrow \alpha E_b = \beta \left(B - E_b - \frac{\gamma}{\beta} E_b \right) \rightarrow \alpha E_b - \beta B + \beta E_b + \gamma E_b = 0 \rightarrow (\alpha + \beta + \gamma) E_b = \beta B \rightarrow E_b = \frac{\beta}{\alpha + \beta + \gamma} B$。

同理 $E_c = \frac{\alpha}{\alpha + \beta + \gamma} B$，$E_h = \frac{\gamma}{\alpha + \beta + \gamma} B$，公式 6.5 得证。

参考文献

[1] Adam D. Henry, Mark Lubell and Michael McCoy, Belief Systems and Social Capital as Drivers of Policy Network Structure: The Case of California Regional Planning [J], Journal of Public Administration Research and Theory: J-PART, 2011 (3): 419-444.

[2] Andrew, Simon A, Regional Integration through Contracting Networks: An Empirical Analysis of Institutional Collection Action Framework [J], Urban A? airs Review, 2009, 44 (3): 378-402.

[3] Anselin, L., Spatial Externalities, Spatial Multipliers, and Spatial Econometrics [J], International Regional Science Review, 2003 (2): 153-166.

[4] Anselin, Luc., Geographical Spillovers and University Research: A Spatial Econometric Perspective, Growth and Change [J]. //in: Gatton College of Business and Economics [M], University of Kentucky, 2000, 31 (4): 501-515.

[5] APL. Metropolitan Regions: Innovation, Competition, Capacity for Action [M]. Hanover, 2007.

[6] Arrow K., "The Economics of Agency" [J], in J. Pratt and R. Zeckhuaser (eds.), Principal and Agents: The Structure of Business [M], Boston: Harvard Business School Press, 1985: 37-51.

[7] Baldwin R., and Okubo T., Heterogeneous firms, Agglomeration and Economic Geography: Spatial selection and Sorting [J], Journal

of Economic Geography, 2006 (6): 323 - 346.

[8] Baldwin, R. and Okubo, T., Tax Reform, Delocation, and Heterogeneous Firms [J], Scand. J. of Economics, 2009 (4): 741 - 764.

[9] Baldwin, R., P. Mratin and G. Ottaviano, Global Income Divergence, Trade and Industrialization: The Geography of Growth Take - off [J], Journal of Economic Growth, 2001 (6): 5 - 37.

[10] Baldwin, Richard E., The Core - Periphery Model with Forward ing - looking Expectations [J], Regional Science and Urban Economics, 2001, 31: 21 - 49.

[11] Barlow. Report of the Royal Commission on the Distribution of the Industrial Population [R]. Cmnd, 1940: 6153.

[12] Becker, J. and Fuest, C., EU Regional Policy and Tax Competition [J], European Economic Review, 2010 (1): 150 - 161.

[13] Berliant, M. & Fujita, M., Dynamics of knowledge creation and transfer: The two person case [D], MPRA Paper, 2007: 4973.

[14] Berliant, M. and Fujita, M., Dynamics of knowledge creation and transfer: The two person case [D], MPRA Paper, 2007: 4973.

[15] Borck, R. and P. fluger, M., Agglomeration and Tax Competition [J], European Economic Review, 2006 (3): 647 - 668.

[16] Breton Alber, Competitive Government: An Economic Theory of Politics and Public Finance [M], Cambridge: Cambridge University Press 1996.

[17] Buchanan, J. M. and Tullock, Gordon, The Calculus of Consent,

Logical Foundations of Constitutional Democracy [M], The University of Michigan Press, 1962.

[18] Cai Hongbin & D. Treisman, State corroding federalism [J], Journal of Public Economics, 2004 (88): 843 – 919.

[19] Christopher V. Hawkins, Competition and Cooperation: Local Government Joint Ventures for Economic Development [J], Journal of Urban Affairs, 2010, 32 (2): 253 – 276.

[20] David Young Miller, Joo Hun Lee, Making Sense of Metropolitan Regions: A Dimensional Approach to Regional Governance [J], Publius, 2011, (1): 126 – 145.

[21] Dirk Willem te Velde, Regional Integration, Growth and Convergence [J], Journal of Economic Integration, 2011 (1): 1 – 28.

[22] Don Ramsland and Brian Dollery, Enhancing Regional Cooperation between Local Councils: A Proposed Two – Tier Model for Australian Local Government [J], Journal of Economic and Social Policy, 2011, 14 (2): 17 – 36.

[23] E. M. Hoover, F. Giarratani, An Introduction to Regional Economics [M]. Regional Research Institute, West Virginia University, 1999.

[24] Elisabeth R. Gerber and Clark C. Gibson, Balancing Regionalism and Localism: How Institutions and Incentives Shape American Transportation Policy [J], American Journal of Political Science, 2009, 53 (3): 633 – 648.

[25] Feiock, Richard C. Rational Choice and Regional Governance [J]. Journal of Urban A? airs, 2007, 29 (1): 49 – 65.

[26] Feiock, Richard C. , and John T. Scholz, eds. Self – Organizing

Federalism: Collaborative Mechanism to Mitigate Institutional Collective Action Dilemmas [M]. New York: Cambridge University Press, 2009: 56-77.

[27] Friedmann, J. R. P., A General Theory of Polarized Development [J]. //In: N. M. Hansen, Growth Centers in Regional Economic Development [M], New York, The Free Press, 1972.

[28] Fujita, M., Towards the new economic geography in the brain power society [J], Regional Science and Urban Economics, 2007, (37): 482-490.

[29] Fujita, M., Towards the new economic geography in the brain power society [J], Regional Science and Urban Economics, 2007 (37): 482-490.

[30] Fujita, Masahisa, Paul R. Krugman, and Tomoya Mori, On the Evolution of Hierarchical Urban Systems [J], European Economic Review, 1999, 43 (2): 209-51.

[31] Gordon R H, An Optimal Taxation Approach to Fiscal Federalism [J], Quarterly Journal of Economics, 1983 (98): 567-586.

[32] Gruber, S. and Marattin, L., Taxation, Infrastructure and Endogenous Trade Costs in New Economic Geography [J], Papers in Regional Science, 2010, 89 (1): 203-222.

[33] Gale D. and Shapley L. S., College Admissions and the Stability of Marriage, American Mathematical Monthly [J], 1962, 69 (1): 9-15.

[34] Hardin, G., The Tragedy of the Commons [J], Science 1968 (162): 1243-1248.

[35] Holmstrom, B. and P. Milgrom. Aggregation and Linearity in the Provision of Intertemporal Incentives [J]. Econometrica, 1987

(55)：303 –328.

[36] Jacob E. Safra and Jorge Aguilar – Cauz, The New Encyclopedia Britannica [M], U. S. A.：Encyclopedia Britannica, Inc. 2007：995.

[37] James F. Wolf and Tara Kolar Bryan, Identifying the Capacities of Regional Councils of Government [J], State and Local Government Review, 2009, 41 (1)：61 –68.

[38] José Luís Crespo and Jo？o Cabral, LisboaThe institutional dimension to urban governance and territorial management in the Lisbonmetropolitan area [J], Urban Governance in Southern Europe, 2010, 45 (197)：639 –662.

[39] Judith Norvell Jamison and Richard Bigger. Metropolitan Coordination in Los Angeles [J]. Public Administration Review, 1957, 17 (3)：164 –169.

[40] Jungah Bae, Richard C. Feiock, Managing Multiplexity：Coordinating Multiple Services at a Regional Level [J], State & Local Government Review, 2012 (2)：162 –16.

[41] Kelly LeRoux, Paul W. Brandenburger and Sanjay K. Pandey, Interlocal Service Cooperation in U. S. Cities：A Social Network Explanation [J], Public Administration Review, 2010, (3)：268 –278.

[42] Kirk Emerson, Tina Nabatchi and Stephen Balogh, An Integrative Framework for Collaborative Governance [J], Journal of Public Administration Research and Theory, J –PART, 2012 (1)：1 –29.

[43] Krugman, P., Increasing returns and economic geography [J], Journal of Political Economy [J], 1991 (99)：483 –499.

[44] Laura Gómez‑Mera, Domestic constraints on regional cooperation: Explaining trade conflict in MERCOSUR [J], Review of International Political Economy, 2009 (5): 746 – 777.

[45] Marcel Moldoveanu, Regional Integration and International Coopration: Between Wishes and Realities [J], Romanian Economic and Business Review, 2011, 8 (3): 111 – 119.

[46] Martin, P. and C. A. Rogers., Industrial Location and Public infrastructure [J], Journal of International Economics, 1995 (39): 335 – 351.

[47] McLaren. J, A Theory of Insidious Regionalism [J], The Quarterly Journal of Economics, 2002, 117 (2): 571 – 608.

[48] Melitz M. J., The Impact of TradeonIntra‑Industry Real locations and Aggregate Industry Productivity [J], Econometrica, 2003, 71 (6): 1695 – 1725.

[49] M. Jenson and W. H. Mecking, Theory of the Firm: Managerial Behavior, Agency Costs and Management Ownership Structure [J], Journal of Economic History, 1976 (1): 307.

[50] Myerson, R., Game Theory: Analysis of Conflict [M], Cambridge, Mass.: Harvar University Press, 1991: 13 – 57.

[51] Myrdal, G., Economic Theory and Underdeveloped Region [M], London, Duckworth, 1957.

[52] Nash, J., equilibrium Points in n – Person Games [J], Proceedings of the National Academy of Sciences, 1950 (36): 48 – 49.

[53] Nash, J., Equilibrium Points in n – Person Games [J], Proceedings of the National Academy of Sciences 1950 (36): 48 – 49.

[54] Neil Kraus, The Challenges and Possibilities for Regional Collaboration among Small Jurisdictions [J], State & Local Government Review, 2012 (1): 45-54.

[55] Okubo, T., Trade Liberalisation and Agglomeration with Firm Heterogeneity: Forward and Backward Linkages [J], Regional Science and Urban Economics, 2009 (5): 530-541.

[56] Oliver Hensengerth, Transboundary River Cooperation and the Regional Public Good: The Case of the Mekong River [J], Contemporary Southeast Asia, 2009, 31 (2): 326-349.

[57] Ostrom. V, Tiebout C M and Warren. R, The Organization of Government in Metropolitan Areas: A Theoretical Inquiry [J]. The American Political Science Review, 1962, 55 (3): 831-842.

[58] Political Science Review, 1958, (52): 108-122.

[59] Randall G. Holcombe and DeEdgra W. Williams, Randall G. Holcombe and DeEdgra W. Williams [J], Public Choice, 2011 (149): 65-74.

[60] Robert C. Wood, The New Metropolises: Green Belt, Grass Roots Versus Gargantua [J], American.

[61] Ross, S., The Economic Theory of Agency: The Principal's Problem [J], American Economic Review, 1973 (63): 134-139.

[62] Rusk, Cities Without Suburbs [M], Washington DC: Woodrow, Wilson Center Press, 1993: 33-85.

[63] Roth A. E., The Economics of Matching: Stability and Incentives, Mathematics of Operations Research [J], 1982, 7 (4): 617-628.

[64] Roth A. E., The Evolution of the Labor Market for Medical Interns and Residents: A Case Study in Game Theory, Journal of Political Economy [J], 1984, 92 (6): 991 – 1016.

[65] Roth A. E., The College Admissions Problem Is Not Equivalent to the Marriage Problem, Journal of Economic Theory [J], 1985a, 1: 277 – 288.

[66] Roth A. E., and Vate V. J. H., Random Paths to Stability in Two – Sided Matching, Econometrica [J], 1990, 58 (6): 1475 – 1480.

[67] Roth A. E., Rothblum U. G., Vate V. J. H., Stable Matching, Optimal Assignments, and Linear Programming, Mathematics of Operations Research [J], 1993, 18 (4): 803 – 828.

[68] Roth A. E., Common and Conflicting Interests in Two – sided Matching Markets, European Economic Review [J], 1985b, 27 (1): 75 – 96.

[69] Roth A. E. and Peranson E., Association The Redesign of the Matching Market for American Physicians: Some Engineering Aspects of Economic Design [J], The American Economic Review, 1999, 89 (4): 748 – 780.

[70] Vate V. J. H., Linear Programming Brings Martial Bliss [J], Operational Research Letters, 1989, 8 (3): 147 – 153.

[71] Savitch, H. V., Rescaling for a GlobalWorld [J]. Progress in Planning, 2010 (73): 11 – 16.

[72] Shapley L S. A Value for N – person Games [J]. //in: Kuhn H, Tucker A W. Eds. Contributions to the Theory of Games [M] (Annals of Mathematical Studies, Vol. 28). Princeton, New Jersey: Princeton University Press, 1953: 307 – 312.

[73] Shapley L. S, A Value for N - person Games [J]. //in: Kuhn H, Tucker A W. Eds. Contributions to the Theory of Games [M]. Princeton University Press, 1953: 307 - 312.

[74] Simon A. Andrew and Richard C. Feiock. Core - Peripheral Structure and Regional Governance: Implications of Paul Krugman's New Economic Geography for Public Administration [J]. Public Administration Review, 2010, (5): 494 - 499.

[75] Spence, M., and R. Zechhauser, Insurance, Information and Individual Action [J], American Economic Review, 1971 (61): 380 - 387.

[76] Starrett, D., Market Allocations of Location Choice in a Model with Free Mobility [J], Journal of Economic Theory, 1978 (17): 21 - 37.

[77] Syrquin, M. and H. B. Chenery, Three Decades of Industrialization [J], The World Bank Economic Review, 1989 (3): 145 - 181.

[78] Thierry Madies and Jean - Jacques Dethier, Fiscal Competition in Development Countries: a Survey of the Theoretical and Empirical Literature [J], Journal of International Commerce, Economics and Policy, 2012, 3 (2): 1 - 32.

[79] Tiebout. C. M., A Pure Theory of Local Expenditures [J], Journal of Political Ecomony, 1956 (64): 416 - 424.

[80] Tobler, W. R., A Computer Movie Simulating Urban Growth in the Detroit Region [J]. Economic Geography, 1970 (46): 234 - 240.

[81] Wildasin. D. E., Nash Equilibrium in Models of Fiscal Competition [J], Journal of Public Economics, 1988 (35): 229 - 240.

[82] Williamson, J. G., Regional Inequality and Process of National Development: A Description of the Patterns [J], Economic Development and Culture Change, 1965, 13 (4): 2.

[83] Wilson, R., The Structure of Incentive for Decentralization under Uncertainty [M], La Decision, 1969: 171.

[84] Winston W. Crouch. The Government of a Metropolitan Region [J]. University of Pennsylvania Law Review, 1957, 105 (4): 474–488.

[85] Youngmi Lee, In – Won Lee and Richard C. Feiock, Competitors and Cooperators: A Micro – Level Analysis of Regional Economic Development Collaboration Networks [J], Public Administration Review, 2012 (2): 253–262.

[86] Zodrow. G. R, Mieszkowski. P., Pigou, Property Taxation and the Under – Provision of Local Public Goods [J], Journal of Urban Economics, 1986 (19): 356–370.

[87] Nan Li, Ronald Lee and Shripad Tuljapurkar. Using the Lee – Carter Method to Forecast Mortality for Populations with Limited Data [J]. International Statistical Review, 2004 (1): 19–36.

[88] 魏后凯等著《中国区域协调发展研究》[M]，北京：中国社会科学出版社，2012，第20页。

[89] 范恒山、孙久文、陈宣庆等著《中国区域协调发展研究》[M]，北京：商务印书馆，2012，第14~15页。

[90] 陈秀山、杨艳：《我国区域发展战略的演变与区域协调发展的目标选择》[J]，《教学与研究》2008年第5期，第5~12页。

[91] 谭维克、赵弘：《论首都经济圈建设》[J]，《北京社会科学》2011年第4期，第4~9页。

[92] 祝尔娟、邬晓霞：《推进京津冀区域经济一体化》[J]，《经济

学动态》2012 年第 2 期，第 156～158 页。

[93] 孙久文、丁鸿君：《京津冀区域经济一体化进程研究》[J]，《经济与管理研究》2012 年第 7 期，第 35～62 页。

[94] 文魁、祝尔娟：《京津冀区域一体化发展报告（2012）》[M]，北京：社会科学文献出版社，2012，第 135～162 页。

[95] 林文益、于君：《经济体制·经济机制·经济杠杆》[J]，《经济体制改革》1984 年第 2 期，第 28～31 页。

[96] 赵儒煜：《经济制度、经济机制、经济体制辨析》[J]《当代经济研究》1994 年第 1 期，第 13～16 页。

[97] 全治平、江佐平：《论地方经济利益》[M]，广州：广东人民出版社，1992，第 17～27 页。

[98] 程必定等：《区域经济学》[M]，合肥：安徽人民出版社，1989，第 8～29 页。

[99] 柳新元：《利益冲突与制度变迁》[M]，武汉：武汉大学出版社，2002，第 9～15 页。

[100] 韦伟：《中国经济发展的区域差异于区域协调》[M]，合肥：安徽人民出版社，1995，第 23～29 页。

[101] 江曼琦：《区级经济运行机制研究》[M]，天津：天津科学技术出版社，2000，第 33～49 页。

[102] 张可云：《区域经济政策》[M]，北京：商务印书馆，2009，第 420～490 页。

[103] 余明勤：《区域经济利益分析》[M]，北京：经济管理出版社，2004，第 42～43 页。

[104] 汪伟全：《地方政府竞争秩序的治理：基于消极竞争行为的研究》[M]，上海：上海人民出版社，2009，第 17～27 页。

[105]〔德〕赫尔希曼：《经济发展战略》[M]，北京：经济科学出版社，1991，第 45～72 页。

[106] 胡序威、周一星、顾朝林等：《中国沿海城镇密集地区空间集聚与扩散研究》[M]，北京：科学出版社，2000，第15~43页。

[107] 张维迎、栗树和：《地区间竞争与中国国有企业的民营化》[J]，《经济研究》1998年第12期，第34~37页。

[108] 叶裕民：《中国区际贸易冲突的形成机制与对策思路》[J]，《经济地理》2000年第6期，第13~16页。

[109] 周立群、夏良科：《区域经济一体化的测度与比较：来自京津冀、长三角和珠三角的证据》[J]，《江海学刊》2010年第4期，第81~87页。

[110] 倪鹏飞等：《中国城市竞争力报告9》[M]，北京：社会科学文献出版社，2011，第336~377页。

[111] 安树伟：《行政区边缘经济论》[M]，北京：中国经济出版社，2004，第17~26页。

[112] 肖金成：《环渤海地区经济合作面临的机遇与挑战》[J]，《开放导报》2007年第1期，第45~48页。

[113] 陶希东：《转型期中国跨省市都市圈区域治理："以行政区经济"为视角》[M]，上海：上海科学出版社，2007，第68~69页。

[114] 陈瑞莲：《区域公共管理理论与实践研究》[M]，北京：中国社会科学出版社，2008，第67~69页。

[115] 刘志彪、郑江淮：《冲突与和谐：长三角经济发展经验》[M]，北京：中国人民大学出版社，2010，第17~19页。

[116] 吴群刚、杨开忠：《关于京津冀区域一体化发展的思考》[J]，《城市问题》2010年第1期，第11~16页。

[117] 沃尔特·艾萨德著《区位与空间经济》[M]，杨开忠等译，北京：北京大学出版社，2011，第3~166页。

[118] 吴良镛：《人居环境科学导论》[M]，中国建筑工业出版社，2001，第17~37页。

[119] 张朋柱：《合作博弈的理论与应用——非完全共同利益群体合作管理》[M]，上海：上海交通大学出版社，2006，第24~44页。

[120] 金太军：《从行政区行政到区域公共管理——政府治理形态嬗变的博弈分析》[J]，《中国社会科学》2007年第6期，第57~62页。

[121] 美金尼斯、毛寿龙、李梅译《多中心体制与地方公共经济》[M]，上海：上海三联书店，2000，第41~67页。

[122] 李国平等《京津冀：结构、分工与营建战略》[M]，北京：中国城市出版社，2004，第15~70页。

[123] 杜木纳娅·娜塔莉亚·尼古拉耶娃：《自组织理论及俄罗斯经济改革战略》[J]，《经济学家》2004年第5期，第96~100页。

[124] 埃里克·詹奇：《自组织的世界观》[M]，北京：中国社会科学出版社，1992，第163~165页。

[125] 谭遂、杨开忠、谭成文：《基于自组织理论的两种城市空间结构动态模型比较》[J]，《经济地理》2002年第5期，第322~326页。

[126] 吴传清、刘陶、李浩：《城市圈区域一体化发展的理论基础与协调机制探讨》[J]，《经济前沿》2005年第12期，第26~30页。

[127] 金丽国：《区域主体与空间经济自组织》[M]，上海：上海人民出版社，2007，第132~154页。

[128] 张京祥、沈建法、黄钧尧等：《都市密集区区域管治中行政边界的影响》[J]，《城市规划》2002年第9期，第40~44页。

[129] 余明勤：《区域经济利益分析》[M]，北京：经济管理出版社，2004，第152~153页。

[130] 安树伟、母爱英：《中国大都市区管制的理念、结构和模式》[J]，《经济问题探索》2007年第6期，第15~19页。

[131] 孙兵：《区域协调组织与区域治理》[M]，上海：上海人民出版社，2007，第36~37页。

[132] 马海龙：《行政区经济运行时期的区域治理——以京津冀为例》[D]，华东师范大学博士学位论文，2008，第15~59页。

[133] 张紧跟：《新区域主义：美国大都市区治理的新思路》[J]，《中山大学学报》2010年第1期，第47~52页。

[134] 安树伟、吉新峰、王思薇：《主体功能区建设中区域利益的协调机制与实现途径研究》[J]，《甘肃社会科学》2010年第2期，第85~87页。

[135] 朱传耿、仇方道、孟召宜：《省级边界区域协调发展研究》[M]，北京：科学出版社，2011，第120~132页。

[136] 安虎森：《新经济地理学原理（第二册）》[M]，北京：经济科学出版社，2009，第92~535页。

[137] 刘普、李雪松：《外部性、区域关联效应与区域协调机制》[J]，《经济学动态》2009年第30期，第68~71页。

[138] 方中权、余国杨：《优化开发区域的空间协调机制研究》，北京：中国经济出版社，2010，第143~144页。

[139] 王春娟：《科层制的涵义及结构特征分析》[J]，《学术交流》2006年第5期，第56~58页。

[140] 张紧跟：《当代中国地方政府间横向关系协调研究》[M]，北京：中国社会科学出版社，2006，第103~105页。

[141] 祝尔娟：《天津滨海新区与北京产业对接的研究》[M]，北京：中国经济出版社，2009，第251~260页。

［142］王勇：《政府间横向协调机制研究》［M］，北京：中国社会科学出版社，2010，第60～67页。

［143］陈秀山、石碧华：《区域经济均衡与非均衡发展理论》［J］，《教学与研究》2000年第10期，第12～18页。

［144］陶希东：《跨界区域协调：内容、机制与政策研究》［J］，《上海经济研究》2010年第1期，第58～64页。

［145］刘黎明：《转移支付在补偿地区利益外溢中的作用》［J］，《首都经济贸易大学学报》2002年第4期，第49～53页。

［146］沈体雁、冯等田、孙铁山：《空间计量经济学》［M］，北京：北京大学出版社，2010，第25～77页。

［147］郭克莎：《中国工业化的进程、问题与出路》［J］，《中国社会科学》2000年第3期，第60～71页。

［148］史桂芬：《政府间财政能力配置与区域经济协调发展研究》［M］，北京：经济科学出版社，2010，第135～138页。

［149］张伦俊、王梅英：《中央与地方税收分成问题的博弈分析》［J］，《数量经济技术经济研究》2003年第12期，第75～78页。

［150］张伦伦：《税收分成规则变化对我国财政收入格局的影响》［J］，《税务研究》2006年第4期，第3～7页。

［151］张玉珂、马文秀：《论国际经济政策协调的理论基础》［J］，《河北大学学报（哲学社会科学版）》2011年第1期，第75～77页。

［152］王文举：《经济博弈论基础》［M］，北京：高等教育出版社，2010，第129～137页。

［153］文余源：《基于空间计量经济的中国FDI区位分布决定因素研究》［J］，《统计与决策》2009年第9期，第100～103页。

［154］文余源：《长三角地区城市FDI区位决定动态研究——空间计

量的视角》[J],《商业经济与管理》2011 年第 5 期,第 72~79 页。

[155] 张强:《乡村与城市融合发展的选择》[M],北京:中国农业出版社,2006,第 90~91 页。

[156] 文魁、祝尔娟:《京津冀发展报告(2013)——承载力测度与对策》[M],北京:社科文献出版社,2013,第 367~380 页。

[157] 张维迎:《博弈论与信息经济学》[M],上海:上海人民出版社,2004,第 235~265 页。

[158] 张可云、吴瑜燕:《北京与周边地区基于环境保护的区域合作机制研究》[J],《北京社会科学》2009 年第 1 期,第 32~39 页。

[159] 龚意琇:《台湾垃圾跨区域处理之个案研究》[D],台湾大学政治学研究所,2002,第 19~21 页。

[160] 唐燕:《德国大都市地区的区域治理与协作》[M],北京:中国建筑工业出版社,2011,第 120~131 页。

[161] 易志坤、林繁:《美德两国促进区域协调发展政策》[J],《价格月刊》2003 年第 1 期,第 37~38 页。

[162] 周素红、陈慧玮:《美国大都市区规划组织的区域协调机制及其对中国的启示》[J],《国际城市规划》2008 年第 6 期,第 93~98 页。

[163] 叶卫平:《京津冀北区域经济协调发展的体制机制创新》[J],《中国特色社会主义研究》2006 年第 3 期,第 79~83 页。

[164] 李炜、田国双:《生态补偿机制的博弈分析》[J],《学习与探索》2012 年第 6 期,第 106~108 页。

[165] 徐大伟、涂少云、常亮、赵云峰:《基于演化博弈的流域生态补偿利益冲突分析》[J],《中国人口·资源与环境》2012 年第 22 期,第 8~14 页。

后　记

　　本书是在我的博士论文基础上提炼而成的。在此，我要特别感谢我的博士生导师祝尔娟教授三年来对我的谆谆教导并且给予我多次实践锻炼的机会，她不仅教会了我大量区域经济理论，更重要的是教会了我关于区域经济的研究方法和给予我在科研道路上继续前行的信心与勇气；感谢母校对我的培养，为我提供良好的学习环境和氛围；感谢爸爸妈妈对我一直脱产学习给予的物质补贴和精神鼓励；感谢张强教授在区域经济前沿理论、王文举教授在博弈论、刘黎明教授在时间序列计量方法方面对我的帮助；感谢我院指导过我的所有老师；感谢我的博士后导师北京大学沈体雁教授在市场设计、孙铁山教授在空间计量经济学以及地理信息系统方面对我的指导；感谢孙久文教授、谢正观教授、王德起教授、张贵祥教授、安树伟教授在书稿写作时为我提出宝贵意见；本书尚有很多不足之处，请各位老师及广大读者批评指正。

　　我在首都经济贸易大学求学3个春秋，人生最美好的一段时光留在这里。我对坐落于丰台花乡、离家咫尺之遥的学校怀有深深的感情。本书是我在首都经济贸易大学学习和研究的结晶，就将它作为3年学习生活的永恒纪念吧！

图书在版编目(CIP)数据

京津冀协同发展机制设计/齐子翔著.—北京：社会科学文献出版社，2015.8
ISBN 978 - 7 - 5097 - 7883 - 8

Ⅰ.①京… Ⅱ.①齐… Ⅲ.①区域经济发展 - 协调发展 - 研究 - 华北地区 Ⅳ.①F127.2

中国版本图书馆 CIP 数据核字（2015）第 182499 号

京津冀协同发展机制设计

著　　者／齐子翔

出 版 人／谢寿光
项目统筹／王玉山
责任编辑／王玉山　冯咏梅

出　　版／社会科学文献出版社·经济与管理出版分社（010）59367226
　　　　　地址：北京市北三环中路甲29号院华龙大厦　邮编：100029
　　　　　网址：www.ssap.com.cn
发　　行／市场营销中心（010）59367081　59367090
　　　　　读者服务中心（010）59367028
印　　装／北京季蜂印刷有限公司
规　　格／开　本：787mm×1092mm　1/16
　　　　　印　张：12.5　字　数：210 千字
版　　次／2015 年 8 月第 1 版　2015 年 8 月第 1 次印刷
书　　号／ISBN 978 - 7 - 5097 - 7883 - 8
定　　价／55.00 元

本书如有破损、缺页、装订错误，请与本社读者服务中心联系更换

▲ 版权所有 翻印必究